イラストで見る

文化、レシピ、ち



# 知ってお

# インドごはんの常識

LA CUISINE INDIENNE ILLUSTRÉE:
des recettes et des anecdotes pour tout savoir sur
la culture gastronomique indienne!
Pankaj Sharma, Alice Charbin, Sandra Salmandjee

パンカジ・シャルマ [文]

アリス・シャルバン [絵]

サンドラ・サルマンジー [レシピ]

関根光宏 [訳]

# 目次

## ダールとカレー ……………………71



*ヒンディー語の発音は[ ]で表記しています。

## テーマ別の料理 ……………………89



## スイーツと飲み物 ………………111

# インド料理

## インド料理とは?

インド料理は、そのすばらしい味やスパイスの調合の絶妙さに加え、
宗教や地域の成り立ちを明らかにし、
民族的アイデンティティや家族の伝統を示すものでもあります。
食べることは、味覚だけでは語れません。
インド料理は象徴的な役割をもっていて、
人の感情をかたちにしたり、誕生・結婚・宗教的儀式・葬儀など
人生のさまざまな出来事と結びついているのです。
インドでは、食事には6つの味があると考えられています。
そしてそのレシピは何千年も受け継がれてきました。
インド料理は枝分かれしたり、統合したりしながら多様化し、
日々変化していますが、日々の生活にリズムを与え、インドにおいて
重要な役割を果たしています。

# 郷土料理

**雪に覆われたヒマラヤ山脈から、森林の多いデカン高原まで、
乾燥したタール砂漠から、シュンドルボン湿地帯のある
ベンガル地方まで、インド各地の料理は個性と
多様性にあふれています。国土が広大で
地域ごとに気候や土壌や作物に違いが見られるため、
スパイスをふんだんに使ったインド料理は、
地域や地方ごとの料理の集合体なのだといえます。**

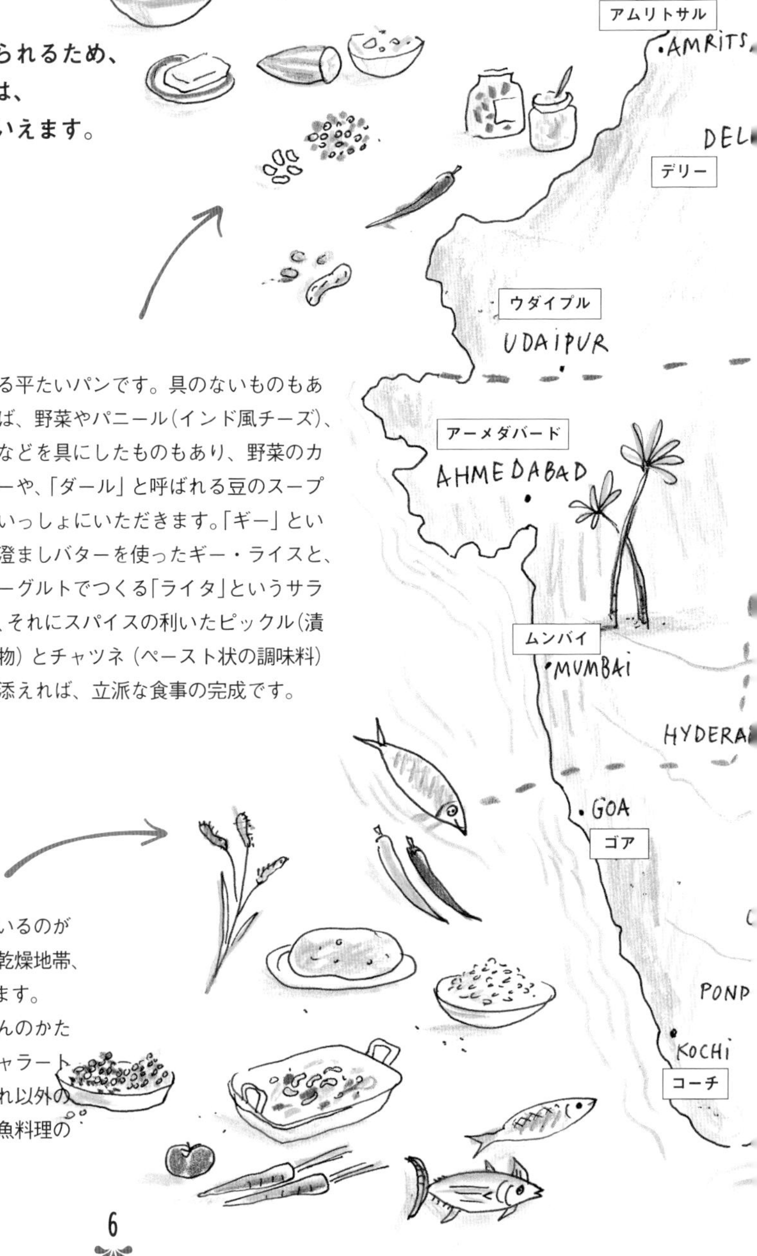

## 北部の料理

北インドは面積が広く、変化に富んでいます。インダス・ガンジス平野、タール砂漠、ヒマラヤ山脈という3つの地域があり、気候も違います。

沖積平野、乾燥地帯、山岳地帯では、小麦と米が主要な作物として栽培されています。そのほかには、豆類に加えて、雑穀、トウモロコシ、大麦、サトウキビ、季節の果物や野菜などがとれ、北インドで主食とされているのは、小麦粉や雑穀粉、もしくはトウモロコシ粉からつくられる平たいパンです。具のないものもあれば、野菜やパニール（インド風チーズ）、肉などを具にしたものもあり、野菜のカレーや、「ダール」と呼ばれる豆のスープといっしょにいただきます。「ギー」という澄ましバターを使ったギー・ライスと、ヨーグルトでつくる「ライタ」というサラダ、それにスパイスの利いたピックル（漬け物）とチャツネ（ペースト状の調味料）を添えれば、立派な食事の完成です。

## 西部の料理

西インドの料理は、多くの要素が入り交じっているのが特徴です。この地域はインド洋に面していて、半乾燥地帯、熱帯、湿潤熱帯の3つの異なる気候帯に属しています。

西インドでは、おもに小麦と穀類がパンやごはんのかたちで食べられています。ベジタリアンの多いグジャラート州では肉類を食べない人がたくさんいますが、それ以外の地域では、ココナッツやピーナッツが野菜や肉、魚料理の引き立て役になっています。

# 東部の料理

ベンガル湾にのぞむインダス・ガンジス平野に位置する東インドは、湿度の高い地域です。稲作が盛んで、米を使った料理がたくさんあります。

東インドの料理は、インドのほかの地域と比べてスパイスを控えめに使うため、素材の味が引き立っています。また、海産物、魚、ヤギ肉、鶏肉がよく使われるのが特徴です。

クミン、フェンネル、フェヌグリーク、マスタード、ニゲラという5つのスパイスを混ぜた「パンチフォロン」と呼ばれるブレンド・スパイスが、料理の風味づけに使われます。東インドの料理のなかには、インド全域でよく知られているものもたくさんあります。たとえば、ベンガル地方の甘いお菓子「ロショゴッラ」、シッキム地方でよく食べられている餃子のような「モモ」、オリッサ地方の魚のカレー「マーチェル・ジョル」などです。

ダージリン
DARJEELING
ganges
INDE
コルカタ
CALCUTTA
ハイデラバード
チェンナイ
プドゥチェリ

# 南部の料理

南インドは、ほぼ全域がデカン高原にあり、熱帯気候です。その料理の特徴は、野菜や果物がふんだんに使われること。ベンガル湾・アラビア海・インド洋に囲まれているため、魚介類の種類も豊富です。

南インドでは、米を使わない食事は考えられません。軟らかくて具のない蒸しパン「イドゥリー」、具入りや具なしのものがあるクレープ状の「ドーサ」など、米を使った料理がよく出されます。イドゥリーやドーサには、レンズ豆などを煮込んだ「サンバル」と呼ばれるスープが添えられ、ココナッツのチャツネ、ドーナツ状の揚げパン「ワダ」、薄いせんべい状の付け合わせ「パパッダム」などといっしょにいただきます。また、酸味の強いタマリンド、香りのいいカレーリーフというハーブ、そしてココナッツは、南インドのスパイシーな料理をまろやかにしてくれます。

# エスニック料理

**多文化・多民族・多宗教の国として知られるインドでは、
何を食べるか、何を食べないかについて、
共同体ごとに独自のルールがあります。**

## ヒンドゥー教徒

インドは、人口の大部分をヒンドゥー教徒が占めている国です。ヒンドゥー教では牛が聖なる存在とされているので、ヒンドゥー教徒は牛肉は食べません。カースト制度の頂点には「バラモン」と呼ばれる司祭階級がいて、浄・不浄という考え方の模範を示すために、バラモンは一般に肉類を食べません。その一方で武人階級である「クシャトリヤ」は、他のヒンドゥー教徒と同じく牛肉は食べませんが、そのほかの肉類や魚をよく食べます。

## イスラム教徒

ヒンドゥー教に次いで信者数が多いのがイスラム教です。ほかの国と同じく、イスラム教徒は豚肉を食べることが禁じられています。

## ジャイナ教徒

ジャイナ教は、仏教と同じころに生まれた小さな宗教です。徹底した不殺生（アヒンサー）を説いています。ジャイナ教徒は、厳格なベジタリアンであることに加えて、興奮作用があるとされているニンニクやタマネギも食べません。また、清らかな心を得るために不殺生が重視されているので、微生物を殺すことがないように根菜類も食べません。

## 仏教徒

インドでは仏教徒の数は多くありません。仏教徒は不殺生（アヒンサー）の考えにもとづいて熱心に菜食主義を採用しています。ただし、乳菜食主義者（ラクト・ベジタリアン）なので、牛乳やバターやヨーグルト（などの乳製品）は食べます。

# 歴史的背景

いまから5000~4000年前のインダス川流域では、小麦や大麦が栽培され、
マスタードやゴマが料理に使われていました。そのころにはすでに、底が湾曲した「カラーヒー」という
金属製のフライパンが調理に使われていたと考えられています。
また、「ギー」という澄ましバターを使ってお菓子をつくっていたようです。
現代のインド料理は、古代からの伝統をそのまま受け継いでいるものもありますし、
長年にわたる移住や侵略の歴史のなかで形づくられ、
改良され、強化され、変化してきたものもあります。

## ムガル帝国

16世紀、インド亜大陸にバーブルを初代皇帝とするムガル帝国が誕生しました。それによって、人びとは中央アジアの料理に関心を抱くようになります。

ムガル帝国では、ペルシア、アフガニスタン、ウズベキスタン、インドの料理人たちによって食文化が発展し、ムガル帝国ならではの料理が生まれました。たとえば、クリーミーで甘酸っぱいソース、牛肉やヤギ肉をレーズンやピスタチオなどのドライフルーツと煮込んだ料理、サフラン、カルダモン、クローブ、その他のスパイスを巧妙に混ぜ合わせたものなどです。また「ビリヤニ」と呼ばれる炊き込みごはんは、ペルシアの繊細な料理「ピラフ」とインドのスパイスを融合した料理のなかでも代表的な食べものです。

## ポルトガルとトウガラシ

インドは、トウガラシの生産量が世界でいちばん多い国です。16世紀にポルトガル人の到来によってインドにもたらされたこの食材は、インド料理を大きく変えました。トウガラシは栽培が簡単で保存しやすいために、インド産のロングペッパー（ヒハツ）やコショウに代わって国じゅうに普及しました。

## イギリス人と紅茶

毎朝、インド人が起きて最初に発するのは「チャイ」という言葉です。でもじつは、驚くことに、この国民的飲料ともいえるチャイがインドで習慣的に飲まれるようになったのは、20世紀にイギリス系の紅茶会社が大々的な販促キャンペーンをおこなって以降のことです。紅茶会社は各地域や各共同体で戸別に、紅茶のいれかたを実演してまわりました。最初のうちそれをしぶしぶ受け入れていたインドの人びとは、その後、牛乳入りの紅茶を、ショウガやカルダモンで香りづけされたアーユルヴェーダの煎じ薬と混ぜるようになりました。

# アーユルヴェーダ

## 「調和とバランス」がアーユルヴェーダのキーワード

### 生命の科学

サンスクリット語で「アーユル」は生命を、「ヴェーダ」は科学を意味します。5000年前から実践されているアーユルヴェーダは、「どうしたら健康に長生きできるか?」という日々の疑問に答えようとする古代医学で、治療より予防に重点がおかれています。

### 五大

宇宙と人間のからだは、「地」「水」「火」「風」「空」の五大元素で成り立っています。人間は宇宙の縮図であり、宇宙と相互に作用し合っているのです。そのため、健康を維持するには、一人一人が自分と自然とのあいだのバランスを保つことが大切だとされています。

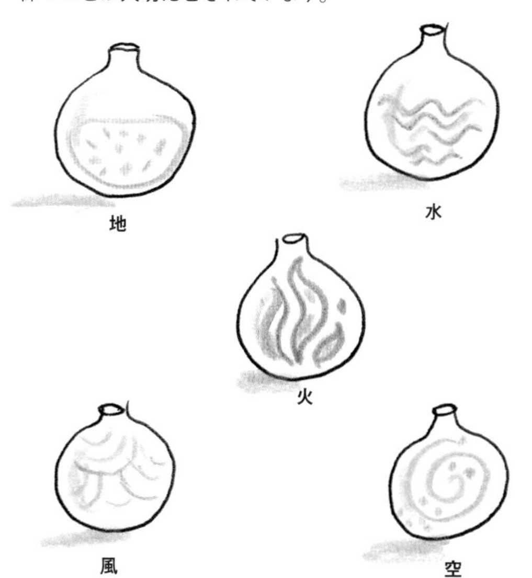


### 3つのドーシャ

宇宙を構成する5つの元素は、一人一人のからだのなかに存在します。ただし、その量と質は人によって異なり、その違いは「ヴァータ」「カパ」「ピッタ」という3つのドーシャ（体質）に分類されています。

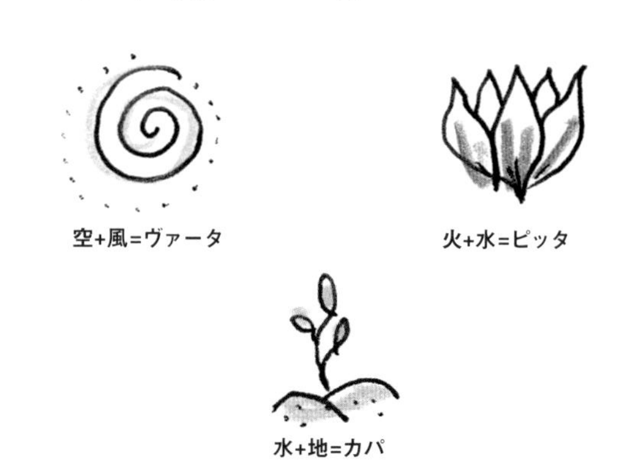


上の図は、五大元素の組み合わせとドーシャ（体質）のタイプです。このように考えるのは、人間を体質で分類するためではなく、一人一人がそれぞれ異なる役割をもっていることを理解するためです。アーユルヴェーダでは、「正常」という考え方はありません。自分の体質を理解することを重視するのは、自分のからだの機能を理解するためのカギとなるからです。アーユルヴェーダでは、私たち一人一人のからだと心のすべての働きに、ドーシャがかかわっていると考えられています。ドーシャのバランスが崩れると、からだと心の両方が不調をきたすのです。

アーユルヴェーダの神
ダンヴァンタリ

## 6つの味

　何を食べるかは、からだと心にとってとても重要です。食べものは、塩味、甘味、苦味、辛味、酸味、渋味の6つの味によって、さらにドーシャに対してプラスの影響を与えるか、マイナスの影響を与えるかによって分類されます。アーユルヴェーダの栄養学では、ドーシャのバランスを保つために、1回の食事で6つの味を同時にとることを勧めています。

## 3つのグナ

　アーユルヴェーダでは、食事には「サットヴァ(純質)」「ラジャス(激質)」「タマス(鈍質)」という3つの特有の効力、つまり「グナ(質)」があるとされています。グナにはそれぞれ違った役割があります。健康を維持するには、自分のからだに合ったもの、からだのバランスを調整してくれるようなものを食べる必要があります。

サットヴァ(純質)
ラジャス(激質)
タマス(鈍質)

# 基本のレシピ

## チャパティー

小麦の全粒粉でつくるこの薄くて小さなパンは、インド人にとっては、フランス人にとってのバゲットのようなもの！ 食事のたびに用意されます。

▶レシピは51ページ

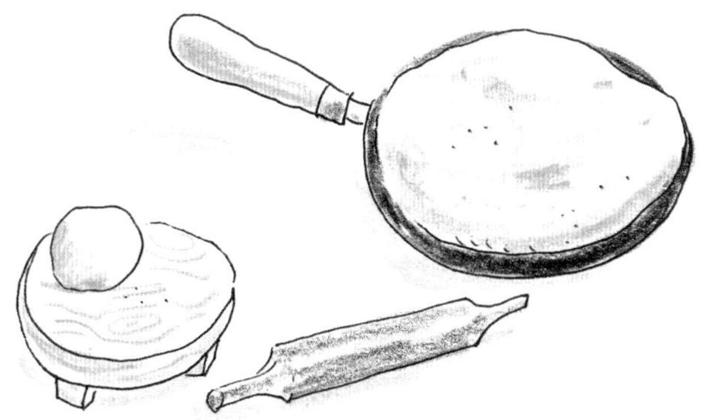

## ライタ（ヨーグルトサラダ）

[4人分]

ギリシャヨーグルト 2パック（250g）、ラディッシュ 10本、ニンジン小 1本、ピンクオニオン 小2~3個または赤タマネギ 1~2個、青リンゴ 1/2個、キュウリ 1/2本、ミントの葉 5~6本分、クミンパウダー 1つまみ、ライム果汁 大さじ1、塩

キュウリは皮をむいて粗めのおろし金ですりおろす。塩で味を調え、しばらくおいておく。ラディッシュは輪切りにし、ニンジンとリンゴはすりおろす。タマネギはみじん切りにする。ヨーグルトにライム果汁とクミンパウダーを加えて泡立てる。これに水気を切ったキュウリ、細かく刻んだミントの葉、その他のすべての材料を加えて混ぜ合わせる。涼しいところに1時間おいてから食べる。

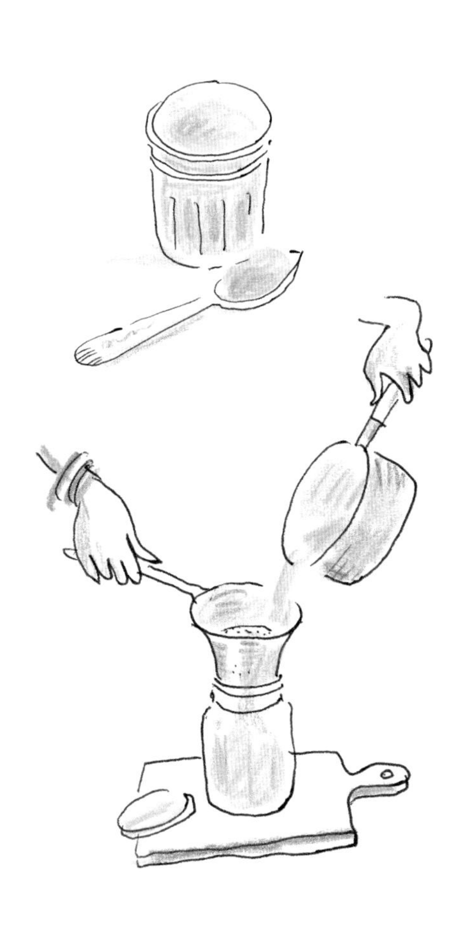

## ギー・ライス

[4人分]
バースマティー米 300g、カルダモン 4個、八角 1個、ローリエ 1枚、クローブ 2個、ブラックマスタードシード大さじ1、水 450ml、ギー 大さじ1、塩

ブラックマスタードシード以外のスパイスをすべてすり鉢でつぶし、香りを引き出す。バースマティー米は水洗いし、水気を切っておく。キャセロール鍋にギーを入れ、マスタードシードと残りのスパイスを加えて炒める。マスタードシードがパチパチと音を立てはじめたら、バースマティー米を加え、スパイスとよく混ぜ合わせる。冷水と塩少々を加え、17~18分、火にかける。炊きあがったら、蓋をしたまま5分ほどおいておく。スパイスの粒を丁寧に取り除いてから、器に盛って召し上がれ。

## ギー（澄ましバター）

インドでは毎日、塩味の利いた料理から甘いデザートにいたるまで、さまざまな種類の料理にギーが使われます。バターからタンパク質などを取り除いた澄ましバターは、加熱処理をしていないバターと違って焦がさずにスパイスを炒められます。

▶レシピは97ページ

水100ml + トマトペースト

# サツマイモと カリフラワーのカレー

[4人分]
サツマイモ 400g、茎の先端部分を小さく切ったカリフラワー 400g、ライム 1個、青トウガラシ(好みに応じて) 1本、カレーリーフ 6枚、ショウガ 3cm、トマトペースト小缶(70g)、マスタードシード 小さじ1、フェンネルシード 小さじ1、ターメリック 小さじ1、クミンパウダー 大さじ2、小麦粉 大さじ2、ココナッツミルク200ml、ギー 小さじ2、塩

サツマイモは皮をむき、2~3cm角に切る。ショウガは皮をむき、薄切りにする。青トウガラシも薄切りにする。

大きなボウルで小麦粉とターメリックを混ぜ、カリフラワーとサツマイモを加えてよく混ぜ合わせる。トマトペーストを水100mlでのばす。

深めのフライパンにギーを入れて火にかけ、野菜を加えて焼き色がつくまで炒める。カレーリーフ、マスタードシード、フェンネルシード、クミンパウダー、ショウガを加える。野菜をよく混ぜ合わせ、トマトペーストを加えて2分ほど炒めてからココナッツミルクを加える。

フライパンに蓋をして、中火で10~15分、かき混ぜながら炒め煮にする。野菜に完全に火が通ったらライム果汁を加え、器に盛る。

サツマイモ

カリフラワー

カレーリーフ

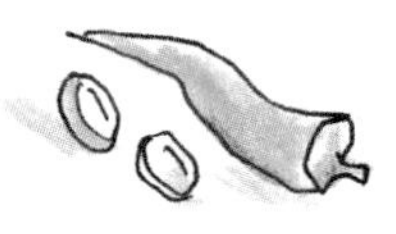

青トウガラシ

小麦粉とターメリック

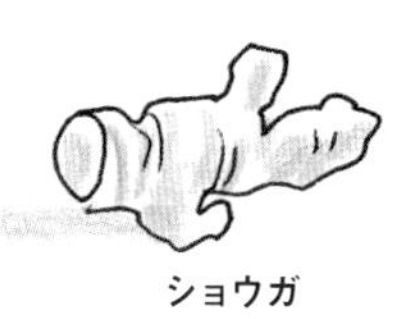

ショウガ

トマトペースト

ターメリック

クミンパウダー

マスタードシード

フェンネルシード

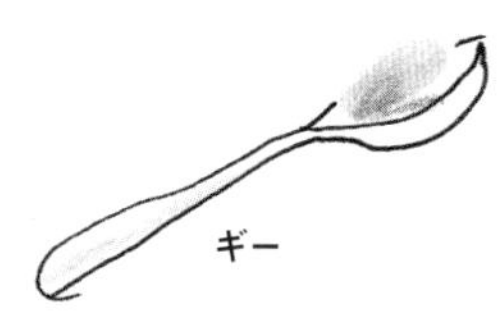

ギー

ココナッツミルク

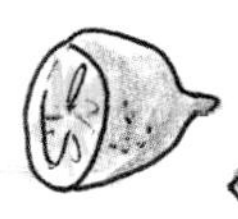

ライム

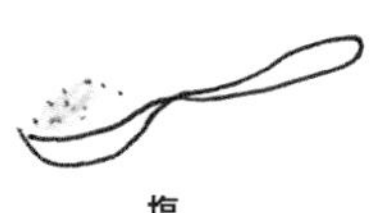

塩

# 菜食主義

ヒンディー語では草食動物を「シャカハリ」と呼んでいますが、
シャカハリには菜食主義者という意味もあります。インドでは多くの人が、
厳格さには多少の違いがあるものの文化的な理由から、もしくは宗教的な理由から
菜食主義を実践しています。インド亜大陸は世界最大のベジタリアン国家なのです。
インドの菜食主義は、各界の指導者や象徴的な人物によって広まりました。菜食主義は、
人間と動物の両方に対する「非暴力(命を奪わない)」という考え方に基づいています。

## ブッダとマハーヴィーラ

紀元前5世紀ごろ、肉食が好まれ、いけにえの風習のあるインドで、仏教の開祖であるブッダとジャイナ教の開祖であるマハーヴィーラが不殺生(アヒンサー)を説き、生きとし生けるものを尊重するよう呼びかけました。

# マウリヤ朝

紀元前4世紀、マウリヤ朝を興したチャンドラグプタが、インド亜大陸の南端部を除くインドの大部分に勢力を拡大しました。ジャイナ教を信奉するチャンドラグプタは、菜食主義を広めることに貢献します。その後、紀元前3世紀には、マウリヤ朝の第3代の王となったアショーカが、戦争による殺戮に心を痛めて仏教に改宗します。そして菜食主義者になり、慈悲と徳をもって国を治めることを心に決めたのです。また、その原則を広めようと、動物を殺したり苦しめたりすることを禁じました。現在のインドの国旗の中心には、アショーカ王のチャクラ(法輪)の図柄が描かれています。

# ガンディー

古来の不殺生(アヒンサー)の考えをふたたび提唱し、非暴力をとなえて大英帝国を屈服させたことで知られるマハトマ・ガンディーも厳格な菜食主義者でした。

# 自生する豆類と外来の植物

インドで菜食主義が発展した大きな理由は、はるか昔からタンパク質が豊富な多種の豆類が自生し、アフリカやアジアからも多くの植物が渡来したことにあります。

# スパイス

**スパイスは健康増進(消化促進、抗酸化、傷痕修復)に役立つうえに、風味や色味を加え、料理を引き立てます。また、料理をおいしくするだけでなく、保存料や薬としても利用されています。スパイスを保管する戸棚は薬棚であると同時に、美と健康を保つ役目も果たしているというわけです。**

## クミンシード[ジーラー]

熱した油に最初に入れるスパイス。パチパチと音がしたら、油がちょうどよい温度に達したしるし。クミンには消化を促進する作用があり、インド料理でよく使われます。

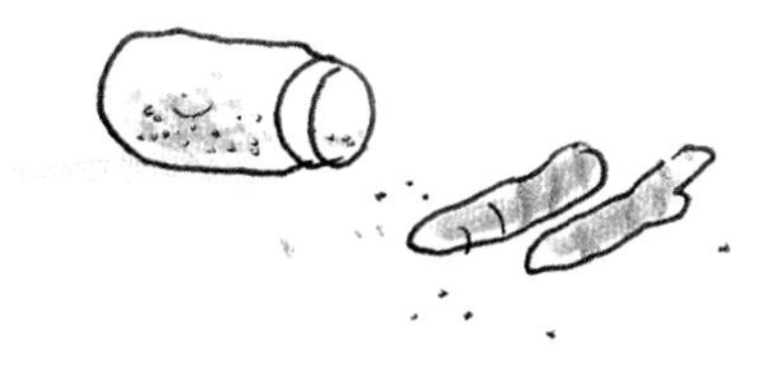

## ターメリック[ハルディー]

これもインド料理に欠かせないスパイスです。防腐作用や消化促進作用があり、黄色く染める強い染色力をもっています。

## アサフェティダ[ヒング]

根茎からとれる樹脂を乾燥させ、粉末状にしたスパイス。においが強いため、ごく少量を料理に加えます。消化促進と肥満防止作用があるとされています。

## ブラッククミンシード[カロンジ]

アチャール(漬物)やチャツネに加えるほか、パン類の風味づけにも使われます。から煎りしてから使うと、野菜や豆類を使った料理に風味を添えられます。消化促進・抗菌・抗酸化作用などが高く評価されているスパイスです。

## トウガラシ［ミルチ］

新鮮なもの、乾燥させたものを、そのまま、あるいはパウダー状にしたり細かく刻んだりして使われます。生のまま使うこともあります。料理やサラダの風味を高め、色や香りを添えてくれ、防腐剤の役目も果たします。

## フェヌグリーク［メーティー］

乾燥させたフェヌグリークの葉を料理の最後に振りかけると、カレーの風味が高まります。種は粒のまま、あるいはパウダーにしてカレーや煎じ薬をつくるのに使われます。

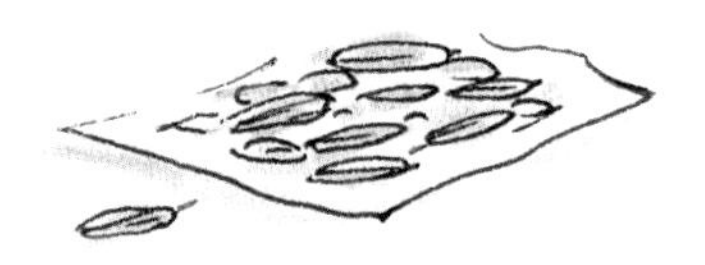

## カルダモン［エライチー］

カルダモンにはいくつか種類があります。ブラックカルダモンは塩で味つけする料理に合い、グリーンカルダモンは塩味の料理だけでなく、甘い料理や飲みものの香りづけに使われます。

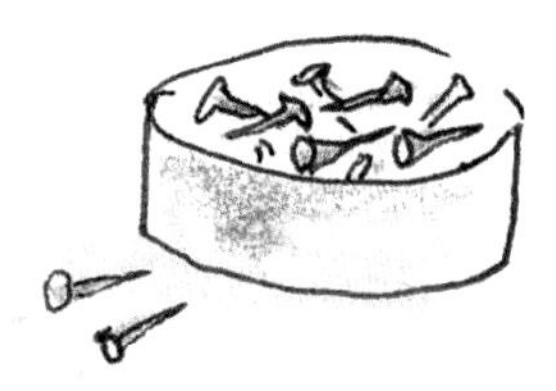

## クローブ［ロング］

粉末にして使うこともあれば、油のなかに直接入れて使うこともあります。そのつぼみには防腐作用と麻酔作用があります。

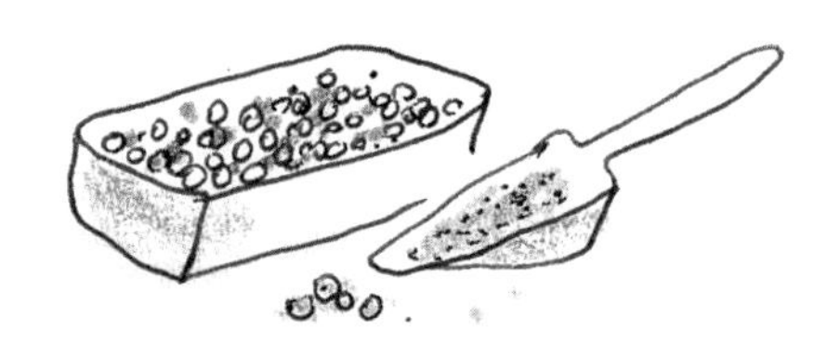

## 黒コショウ［カーリー・ミルチ］

インド原産で、世界じゅうに広く分布する黒コショウは、料理に辛味を加え、消化を促進することから、昔からアーユルヴェーダで高く評価されています。

## カレーリーフ［カリー・パッター］

南インド料理に不可欠のスパイスです。香りがよく、糖尿病に効果があり、抗酸化・抗菌・抗炎症作用があるとされています。

# スパイス

## ブラックマスタードシード [ラーイー]

天然の食品防腐剤ともいえるスパイスです。食材を漬け込むときによく使われ、料理の酸味を和らげるためにも使われます。

## アジョワン [アジワイン]

アジョワンの種は香りがとても強く、料理に使うときは少しだけ加えます。消化を助け、消化器系疾患の予防に役立つとされています。

## フェンネルシード [ソーンフ]

料理の風味を高め、消化を助ける作用があります。消化促進だけでなく、食べると息がさわやかになり、食後の口直しとしても使われています。

## マンゴー・パウダー [アームチュール]

マンゴーは「果物の女王」と呼ばれています。未熟の青マンゴーを乾燥させて、茶色っぽいパウダーにしたのが「アームチュール」です。レモン果汁とは違って、料理や具材に余分な水分を与えることなく酸味を加えられます。

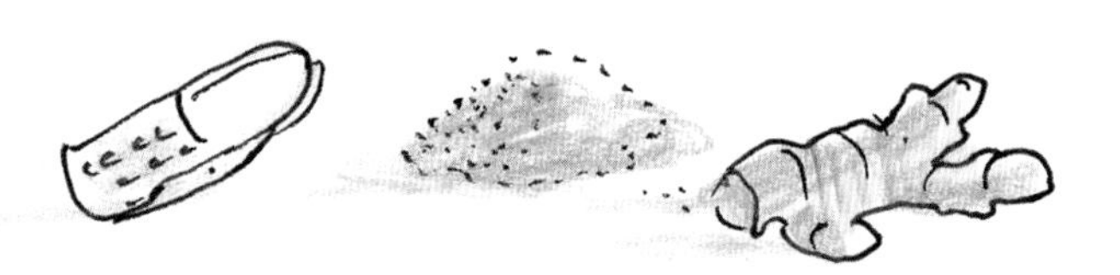

## ショウガ [アドラク]

生のまま、または乾燥させて粉末にして使われ、その際だった風味がとても好まれます。のどの痛みを和らげ、炎症をしずめる作用があります。

## ブラック・ソルト [カーラー・ナマク]

ピンク色の岩塩で、おもな成分は塩化ナトリウムとイオウです。香りが強く、サラダ、軽食[チャート]、ヨーグルトサラダ[ライタ]などの風味づけに使われます。

### サフラン[ケーサル]

サフラン色は、白とインディアングリーンとともにインドの国旗に使われている色です。サフランは料理に華と香りを添えます。インド料理の「宝石」とも呼べるスパイスです。

### コリアンダー[ダニヤー]

コリアンダーは、葉と種の両方が料理に使われます。種は丸ごと、あるいは粉末で使います。1つのレシピで葉と種の両方が使われることもあります。

### ブレンド・スパイス

「ガラム・マサラ」「サンバル・マリラ」「チャート・マサラ」など、スパイスを粉末にして調合したものもよく使われます。たいていは料理ごとに使い分けられます。

### カレー粉

カレー粉は、コリアンダー、ターメリック、赤トウガラシ、マスタードシード、クミン、コショウ、フェヌグリーク、ニンニク、フェンネル、塩など、さまざまなものを混ぜてつくります。インドでは、調理の際に「マサラ・ダーニー」というスパイスボックスを使って自分でスパイスを調合するので、カレー粉はあまり使われません。

# スパイスのレシピ

## ガラム・マサラ

おもに家庭で女性の手によって調合されるブレンド・スパイスは、インド料理で重要な役割を果たしています。たとえば、ガラム・マサラがその代表です。「ガラム」は「熱い」、「マサラ」は「香辛料を混ぜたもの」を意味しています。ガラム・マサラは黒コショウ、クミン、クローブ、カルダモン、シナモン、ローリエを混ぜ合わせてつくります。スパイス類は丸ごと使う場合と、挽いてから使う場合があります。重要なのはその比率です。そのため、料理する人は自分なりの調合で自分だけのガラム・マサラを準備します。

黒コショウ 小さじ2、クミンシード 小さじ3、クローブ 小さじ1、カルダモン 小さじ1、シナモンスティック 1本、ローリエ 2~3枚

これらのスパイスは、すりつぶして粉末にしておいても、そのまま保存しておいても、どちらでも大丈夫です。市販されているものも、ここにあげたものと同じような基本のスパイスで調合されています。

# カレー・ペースト

[250gの鍋の場合]
タマネギのみじん切り 4個分、ニンニク 4片、ショウガ 1かけ (4cm)、青トウガラシ 1本、無塩の素焼きカシューナッツ 20g、トマトペースト 大さじ3、ホールスパイス (カルダモン 3個、クローブ 2個、ローリエ 2枚)、パウダースパイス(ガラム・マサラ 小さじ1、クミン 大さじ1、コリアンダー 大さじ1、ターメリック 小さじ1/2)、植物油、塩

インド料理のベースとして使われることの多いペーストです。チキン・ティッカをつくるときにも使えます。ココナッツミルク200mlと混ぜ合わせ、鶏胸肉200gの薄切りと炒めれば、手軽なひと皿の完成です。

まず、カシューナッツのペーストをつくる。カシューナッツを250mlの水に1時間浸し、ミキサーでペースト状にする。大きなソテー用鍋に植物油大さじ4を入れ、ホールスパイスを強めの火力で5分炒める。みじん切りのタマネギ、種を取り除いて薄切りにした青トウガラシを加え、かき混ぜながら10分ほど炒める。つぶしてピューレ状にしたニンニクとショウガ、すべてのパウダースパイスを加え、塩小さじ1で味つけする。よく混ぜたら、水150mlを注ぐ。水分が蒸発したら、トマトペーストとカシューナッツのペーストを加え、さらに中火で10分ほど煮詰める。

# 調理器具

**料理をつくるにもそれを食べるにも、**
**調理器具や食器といった用具が欠かせません。**
**ヒンディー語では、この2つをまとめて**
**「バルタン」(キッチン用品)と呼んでいます。**
**インドの家ではどんな質素なキッチンでも、**
**伝統的なバルタンがおかれています。**

## スパイスボックス[マサラ・ダーニー]

カレーをつくるときにはスパイスを好みに応じてブレンドします。スパイスボックスがあると、好みのスパイスをすぐに使えるようにしておけます。また、小さなボウルと蓋がセットになっているのでとても機能的です。

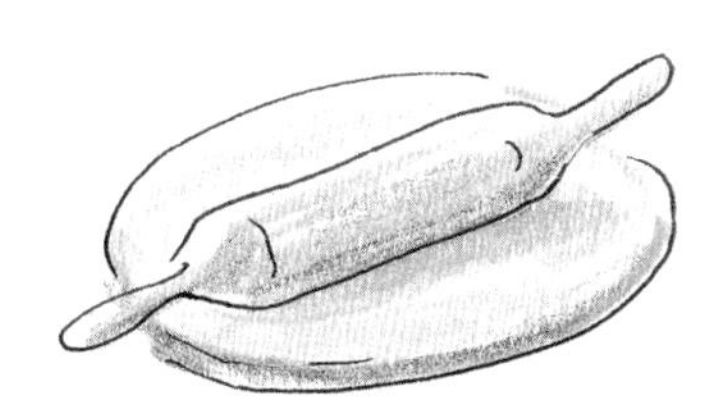

## のし台とのし棒[チャクラ・ベラン]

木製のものがよく使われていますが、大理石製のものもあります。のし台は円形で小さく、のし棒もあまり大きくありません。インドの家庭では日に何度もパンの生地をのばすので、キッチンの必需品です。

## すり鉢とすりこぎ[イマーム・ダスタ]

インド料理の香りを楽しむには、スパイスの粒を挽いたり、ニンニクやトウガラシをすりつぶしたりする、すり鉢とすりこぎが欠かせません。昔は鉄製のとても重いものが使われていましたが、いまでは大理石製や木製のものが一般的です。

## バター入れ[ギー・ダーニー]

澄ましバター[ギー]を光や不純物から守り、食事の支度をするたびに必要な分量を取り分けて使うのに便利です。

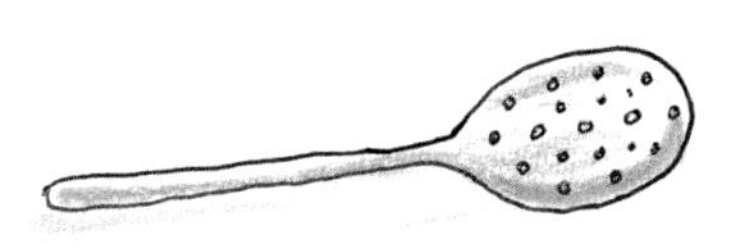

## スキンマー[ジャール、パウニー]

揚げ菓子や半月形パイの油切りに使います。円形のスキンマーを用いて、たとえば「ブーンディー・ラッドゥー」というお菓子用のために「小麦粉のビーズ」をつくることもあります。

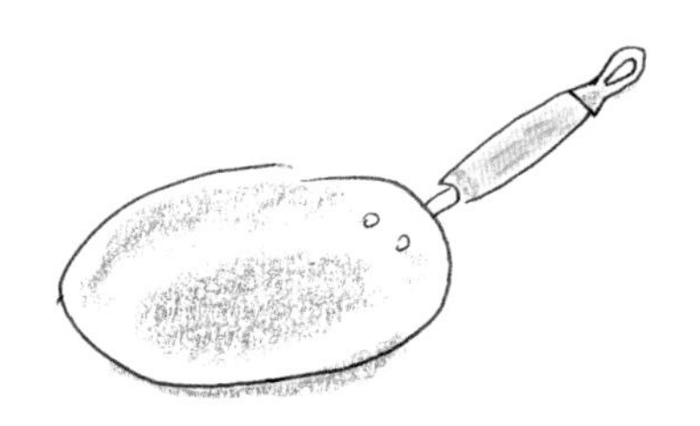

## チャパティーパン［タワ］

素朴な鉄製の伝統的なフライパンです。厚くて重く、ほぼ平らな形をしています。インドのパン、とくにチャパティーやパラーターを焼くときに使われます。

## 貝形の型

甘い、あるいは塩辛い料理（たとえばグジヤー、カランジー）をつくるときは、ラビオリ型に似た小さな型を使います。南インドの蒸しパン「イドゥリー」をつくるための、「皿」の形のイドゥリー型もあります。

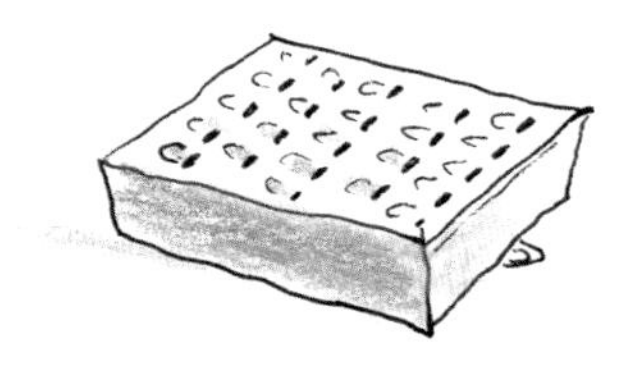

## おろし金［ギヤー・カシュ］

野菜をあっという間に細かくできるこの調理器具は実用的で、取り扱いやすく、たとえば、詰めもの料理やヨーグルトサラダ［ライタ］をつくるときに欠かせないアイテムです。小さなサイズなので洗いやすく、場所もとりません。

## フライパン［カラーヒー］

料理の最中に聞こえてくる音のなかでも、揚げ菓子を揚げるときの音は格別です。炒めものをするときは、大きな取っ手が2つついている中華鍋のような形のカラーヒーを使います。カラーヒーは野菜や肉を炒めるときにも使われます。

## 素焼きの器［ハーンディー］

インドの農村部で、甘いものや塩辛いものを煮込むときや、牛乳を薪（まき）で煮詰めるときなどに使われます。現代的なキッチンではあまり見られなくなりましたが、いまでもダイニングルームではステンレス製や銅製のものがよく使われています。

# 市場と食料品店 [キラーナー]

## 市場

インドで日々、野菜を買うには、3つの方法があります。1つめは、道端で店を開く「サブジー・ワーラー」と呼ばれる露天商がやってくるのを待つこと。2つめは、家の近くの小さな市場に行くこと。3つめは、新鮮な野菜や果物が手に入る「サブジー・マンディー」という大きな市場に出かけることです。サブジー・マンディーは食欲をそそるように陳列された食材であふれ、ひっきりなしに客がやってきます。新鮮な野菜やコリアンダーやミントを安く手に入れようと、客は値段交渉をしながら買い物をします。

## 食料品店 [キラーナー]

小売店舗の「キラーナー」は、市場のミニチュア版のようなお店です。レンズ豆、砂糖、米、油、スパイス、お香、石鹸など、さまざまな種類の商品が並んでいます。近隣の人たちが必要としているものをすべて提供するために、キラーナーのオーナーはできるだけ効率的な店舗運営をめざしています。客は並んでいる品物に触ることはなく、お店の人に声をかけて見せてもらいます。商品を配送してもらったり、掛け払いで購入したりもできます。

# よく使われる野菜と果物

## ナス［バインガン］

インドで最も好まれる野菜の一つです。天ぷらに似た揚げもの「パコーラー」や、カレー（たとえばナスのバルター、ジャガイモとナスのカレーなど）に使われるほか、具を詰めて調理されることもあります。

## タマリンド［イムリー］

熱帯の植物であるタマリンドの実は、カレーに甘い酸味を加えるために使われます。南インド料理に欠かせない食材ですが、保存が利くのでインド全土で好まれています。

## ホウレンソウ［パーラク］

パンの詰めものにしたり、ヨーグルトサラダに入れたり、有名なホウレンソウとチーズのカレー［パーラク・パニール］に使ったりと、食卓にのぼることの多い葉物野菜です。

## ニンジン［ガージャル］

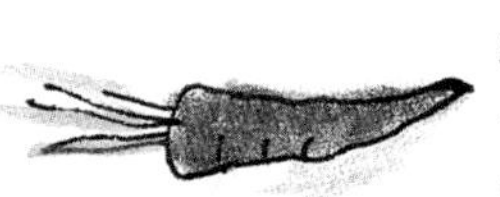

ニンジンは、塩辛い料理にも甘い料理にも使われます。冬が旬で、「ガージャル・ハルワー」というおいしいスイーツをつくるのに使われます。

## ジャガイモ［アールー］

多くのレシピでメインの食材として使われるだけでなく、さまざまな野菜と組み合わせてアールー・マタル、アールー・ゴービー、アールー・バインガンといった料理になります。揚げものやパン類の具材としても活躍します。

## トマト［タマータル］

カレーに酸味をつけるために、新鮮なトマトがよく使われます。サラダやチャツネの主要な材料としても人気です。

## カリフラワー［プール・ゴービー］

とても痛みやすい野菜で、カリカリとした食感の「パコーラー」という前菜の食材として使われるほか、北インドの「パラーター」というパンの具材としても用いられます。

## ニンニク、タマネギ［ラッスン］［ピャーズ］

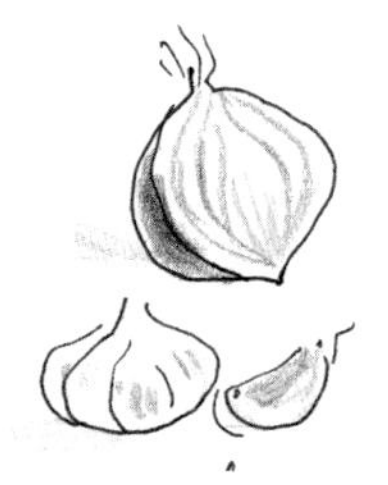

地域や気候にかかわらず、インド全域でどの野菜よりもたくさん消費されています。ニンニクとタマネギの風味は、すべてのカレーやチャツネに欠かせません。

## マンゴー［アーム］

果物の女王といえば、マンゴーです。未熟の青マンゴーは香辛料や調味料として使われ、熟したマンゴーはラッシーやマンゴージュースなどのおいしい飲料として飲まれます。

## ココナッツ［ナーリヤル］

ココヤシの果実であるココナッツは、南インド料理でたくさん使われています。また、インド全域で儀式に必須の食材です。ココナッツミルク、ココナッツウォーター、生の果肉、乾燥した果肉、ココナッツオイルなど、幅広く利用されています。

RICE

# 食事と儀式

インドでは、食べものにとても象徴的な力があります。
人生の大きなイベントの日を彩り、準備段階から実際に食べるまで、
インドの人びとの日常生活をふだんとは違う特別なもの変えるのです。

# ターリー

**インド料理の最もおいしい食べ方は<br>「ターリー」です。ターリーという言葉は、<br>トレーに盛られた料理と、<br>トレー自体の両方をさしています。**

トレーの上には、炊いた米や、パン類、サラダ、漬物などが盛られます。また、カレーや野菜料理、豆のスープ［ダール］、ソース、ライタなど、液状の食べものを入れる「カトリ」という丸いステンレス製（場合によっては、銀製のものや、葉っぱを器の形にしたもの）の小鉢が使われることもあります。地域ごと、季節ごとに料理の内容が変わり、ターリーに土地の名前をつけて呼びます。たとえば、ラージャスターニー・ターリー、グジャラーティー・ターリー、パンジャービー・ターリーといった具合です。

ターリーは、次の2つの理由からとても人気があります。

● 健康面――アーユルヴェーダの「6つの味」の原則に従い、多様な食材を使うことにより栄養のバランスを整えられます。
● 味覚面――ひとくちごとに、シャキシャキした食感、辛いもの、甘いもの、苦いもの……を味わえます。どの順番で食べるかはその人しだいなので、だれもが自分なりの食事を楽しめます。

地域ごとに異なるターリーを味わえば、1つのトレーの上でその土地のおいしさを知ることができます。

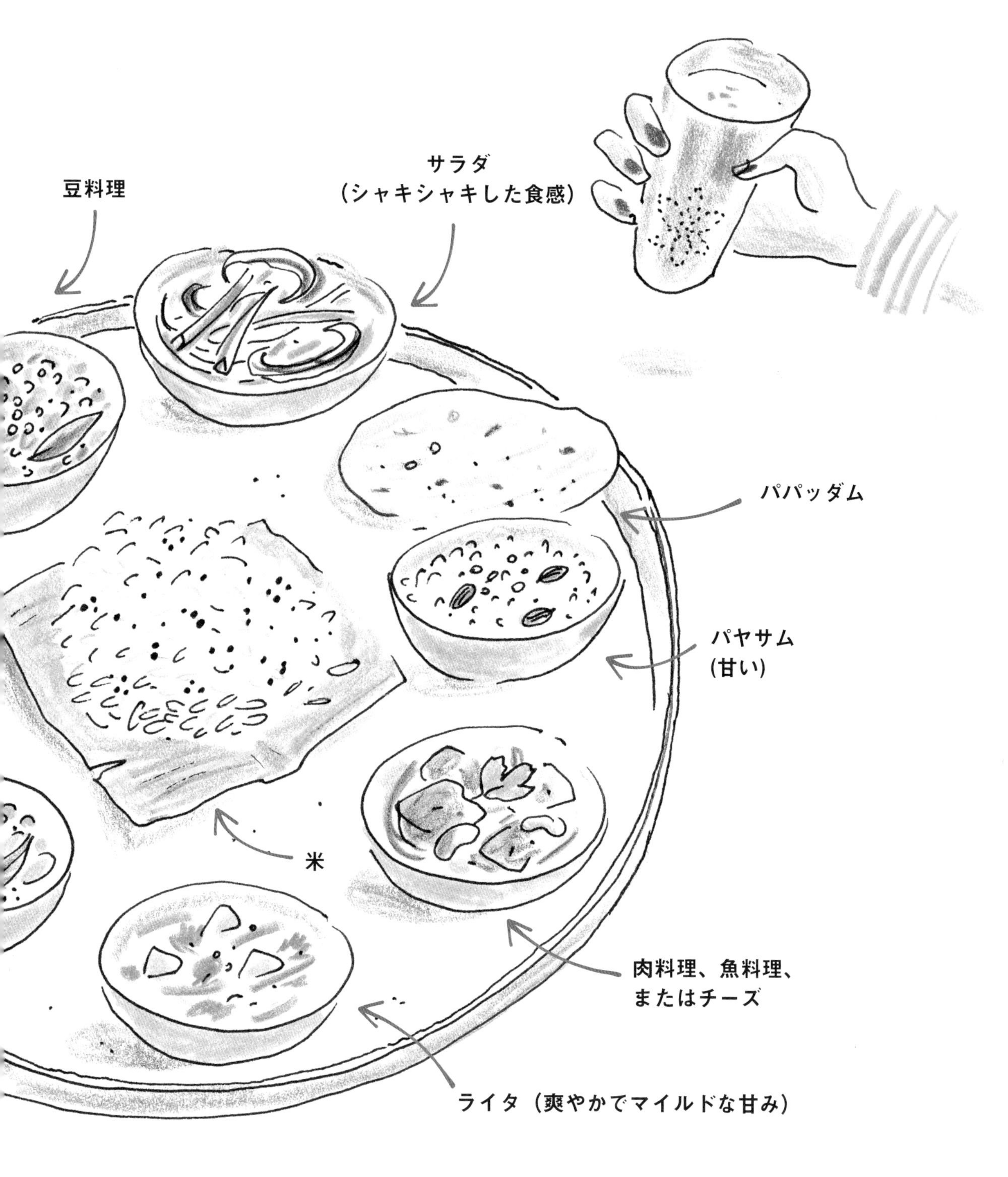
豆料理
サラダ
（シャキシャキした食感）
パパッダム
パヤサム
（甘い）
米
肉料理、魚料理、
またはチーズ
ライタ（爽やかでマイルドな甘み）

# ターリーのレシピ

## ポテトカレー

[4人分]
皮をむいたジャガイモ 250g、小房に分けたカリフラワー 200g、皮をむいたニンジン 200g、生のグリーンピース 150g、みじん切りにした小タマネギ1個分、トマトペースト 小1缶(70g)、ブラックマスタードシード 小さじ1、クミンパウダー 小さじ1、ターメリック 小さじ1/2、ギー 小さじ1(12g)、塩

ジャガイモとニンジンは1.5cmほどの角切りにする。大きな鍋に塩を入れてお湯をわかし、ターメリックを加えてジャガイモを10分ゆでる。ニンジンとカリフラワーを加え、さらに10分ほど煮たら、グリーンピースを加え、鍋を火からおろす。おたま1杯分の煮汁を取り分けてから、湯切りする。ソテー用鍋にギーを熱し、マスタードシードとクミンパウダーを中火で3分炒める。タマネギを加え、取り分けておいた野菜の煮汁とトマトペーストでデグラッセする(鍋底のエキスを溶かす)。水分が半分になるまで煮詰める。ゆでた野菜を加えてソースとよくからめ、さらに弱火で5分煮る。

## カチュンバル(サラダ)

[4人分]
赤タマネギ 小1個、完熟トマト2個、キュウリ 小1本、ラディッシュ 6~7個、青トウガラシ 1本、コリアンダー 1/4束、レモン汁1個分、植物油、塩、コショウ

キュウリと赤タマネギは皮をむく。トマトと青トウガラシはへたを取り、ラディッシュは葉を取り除く(青トウガラシは好みに応じて種を取る)。そのほかの野菜は1cmほどの角切りにする。ボウルにレモン汁、植物油大さじ3、塩、コショウを入れてよく混ぜ、乳化させてシンプルなドレッシングをつくる。野菜にコリアンダーの葉を加え、ドレッシングであえる。冷蔵庫でよく冷やしてから食べる。

## パラーター

小麦粉 300g、植物油 大さじ3、バターまたはギー 20g、塩 小さじ1

ボウルに塩小さじ1を入れ、150mlのぬるま湯で溶かす。別のボウルに小麦粉をふるい入れ、植物油を加えて混ぜ合わせる。塩水を少しずつ加えて生地を約10分こねたら、ボウルに濡れ布巾をかぶせて1時間ほど寝かせる。生地を6つに分けて丸める。その際に指先に少量の植物油をつけておくと作業がしやすい。溶かしバターを用意する。生地を5×30cmほどの長方形にのばし、溶かしバターを塗ったら、端から丸めてカタツムリのような形にする。それをのばして直径20cmの薄い円形にし、クレープ用のフライパンを熱して油をひかずに中火で焼く。5分たったらひっくり返し、さらに5分焼く。

## ピックル

好みの野菜（赤い小タマネギ、ニンジン、青マンゴー、トウガラシ、ショウガなど）500g、粗挽きにしたイエローマスタードシード 大さじ2、フェヌグリークシード 大さじ1、酢 150ml、植物油 大さじ1、塩

保存がきいて食感のいいピックルは、インドの食事に欠かせません。料理といっしょに口に運ぶと、酸味が加わって味覚が刺激されます。

小タマネギは半分に切る。その他の野菜はスティック状に切るか、輪切りにする。マスタードシードとフェヌグリークシードを茶色っぽくなるまで油で炒める。油ごと野菜にかけてよく混ぜ合わせ、塩で味つけしたら、蓋つきのガラス容器に入れる。水150mlに酢を加えて沸騰させ、生野菜の上からかけてそのまま冷ます。蓋を閉め、涼しいところで少なくとも3日寝かせてからいただく。涼しいところで2~3カ月保存できる。

## カルダモンライス

[4人分]
バースマティー米 250g、カルダモン 5個、塩 小さじ1/2

カルダモンを綿のガーゼでくるみ、ひもでしばる。キャセロール鍋に米、水375ml、カルダモン、塩を入れ、中火で約18分加熱する。火を止めたら、ひもを切り、蓋をして10分蒸らす。

# キッチン
[ラソイガル]

インドのキッチンには、かならず小さな寺院(家庭用の祭壇)があり、寺院にはかならずキッチンがあります。どんなに小さくて質素なキッチンでも、それは家のなかの聖なる場所であり、重要な営みがなされる場所です。もちろん、キッチンは食事をつくるところですが、水[ジャール]と火[アグニ]という、相反するものが使われる空間でもあります。水と火は神としてあがめられています。汚れを洗いながし、熱を加えることによって、私たちのからだに入る前に食べものを浄化してくれます。

キッチンには、古来受け継がれてきた衛生上のしきたりがあります。それを守ることでキッチンが清潔に保たれるとともに、空間にリズムが生まれます。たとえば、履きものはキッチンの外においておく必要があります。主婦はキッチンに入る前にはからだを清めます。また、キッチン専用の掃除道具があり、家の他の道具類とは別のところにおかれています。

インドの味覚の世界に入ることは、マスタードシードやクミンシードが油のなかではぜるパチパチという音を聞き、挽きたてのスパイスの香りをかぎ、水に浸し、水を切り、練り、広げ、揚げ、泡立て、形づくり、描き、心とからだのつながりを保つために完璧な調和を生み出すことを意味しています。

# 食事の作法

「テーブルをセッティングする」という表現は、
魔法のような出来事が起こる空間をつくることを意味しています。
掃除をした床にカーペットを敷き、床すれすれの低い木の台を用意すれば、
つかの間のダイニングができあがります。いまでは都会のほとんどの家に
ダイニングテーブルがあるとはいえ、床の上のダイニングは即席でつくることができます。
食事は静かな場所でとり、手を使って食べるのは、触感を重視しているからです。
食べることは「触感の旅」でもあります。
（たとえターリーといっしょにスプーンが用意されていたとしても）

食事の前後にはかならず手を洗います。そして、清浄と考えられている右手だけを使って食べます。左手は不浄とされている作業のとき、たとえばトイレに行ったときや掃除をするときなどに使われます。

食事は甘いものから食べはじめます。そうすると、ひとくち目がマイルドに感じられ、スムーズに食事を進められるからです。

食事の前には、グラスに入った冷たい水を飲みます。その後、食事の盛られたターリーに手をつけます。南インドではターリーの代わりにバナナの葉を使います。

食事の終わりには、冷たい飲みものか温かい飲みものを口にします。ただし多くの場合、水のほうが好まれます。

# 食事の時間

朝起きると、たいていは、温かいチャイ（インドティー）あるいはスパイスティー、または「フィルターコーヒー［フィルターカピ］」を飲みます。子どもにはグラス１杯のホットミルクが用意されます。

朝食には、塩気のあるものか甘いものが用意されます。たとえば、具を入れて薄く焼いた「パラーター」というパンと、ヨーグルトまたは牛乳の組み合わせ。あるいは、北インドでは「ジャレービー」という甘い揚げ菓子、南インドでは「ウッタパム」というお好み焼き風の料理や「イドゥリー」という蒸しパンなどをよく食べます。

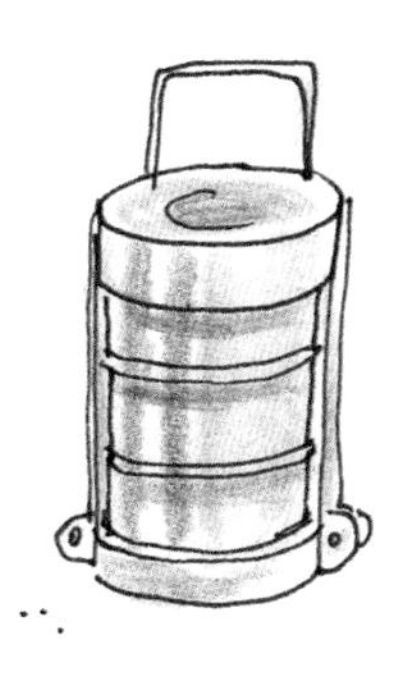

昼食は、外に持っていって食べる場合でも、お弁当箱に食べものをたくさん詰めていきます。そうすれば、同僚や友だちと分け合うこともできるからです。

夕食は、家族がほぼそろってから食べはじめます。食べる時間は、習慣によっても、どの共同体に属しているかによっても変わります（たとえばジャイナ教徒は日没の前に食べます）。夕食では伝統的な料理が好まれます。

　間食は、おなかのすき具合や、好み、生活時間に合わせていつでもとることができます。

　キンマとビンロウの実でつくられる「パーン」という嗜好品があります。キンマの葉に石灰とビンロウのペーストを塗って、バラのジャム、フェンネルシード、メロンシード、カルダモン、ココナッツなどを包みます。これをガムのように噛むと、口のなかがきれいになり、息が爽やかになるとされています。

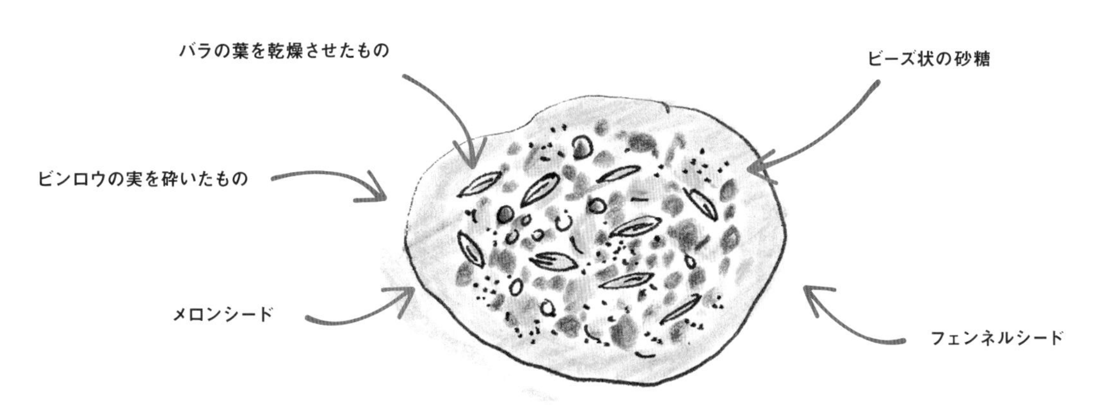


　パーン・マサラは、スパイス、植物の種子、ビーズ状の砂糖を混ぜ合わせてキンマの葉で包んだもの。食後に噛むと息が爽やかになり、消化が促進されるといわれています。

# 来客

## 「お客さまは神さま」

古代ヒンドゥー教の教えでは、「客は神」だとされています。

インドでは、玄関のドアに装飾をほどこしてお客さまを迎えます。特別な日には、生花と、精油を染みこませたコットンでつくった花で家を飾り、ランプをともします。お客さまを大切にもてなす習慣は、食事が中心となることが多く、インド全域で見られます。

時代が変わっても、いくつかの習慣はまったく変わりません。たとえば、お客さまが到着したら、まずは水を1杯、さしあげます。これは迎える側の義務といっていいでしょう。そのあと、チャイやその他の飲みものといっしょに、お菓子や軽食をお出しします。訪問客は食事を勧められることもよくあります。

# ランチボックス

毎日、たくさんの小学生や、仕事に向かう大人たち、旅行に出かける人たちが、
「ティフィン」と呼ばれるランチボックスをもって家を出ます。

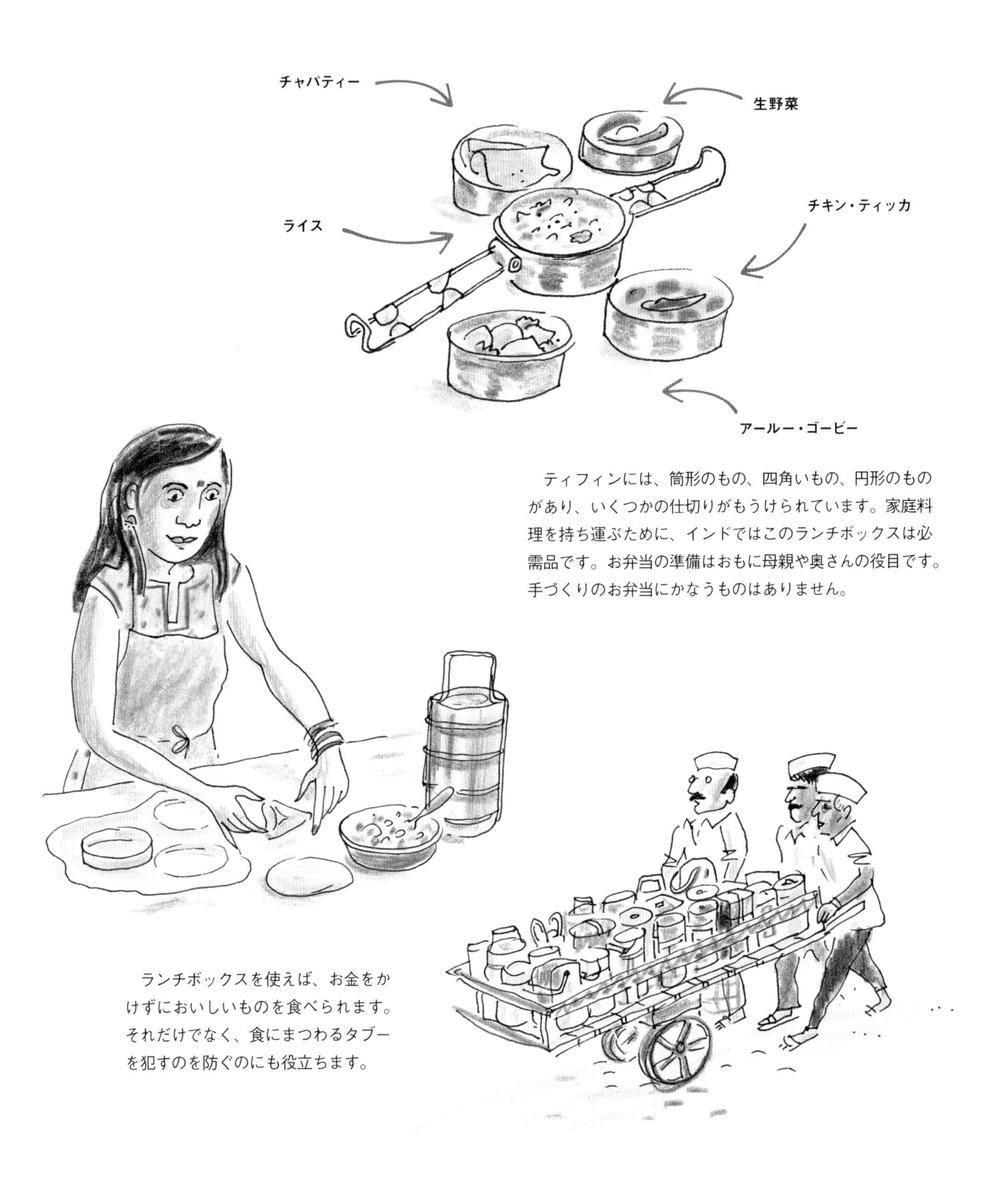


ティフィンには、筒形のもの、四角いもの、円形のものがあり、いくつかの仕切りがもうけられています。家庭料理を持ち運ぶために、インドではこのランチボックスは必需品です。お弁当の準備はおもに母親や奥さんの役目です。手づくりのお弁当にかなうものはありません。

ランチボックスを使えば、お金をかけずにおいしいものを食べられます。それだけでなく、食にまつわるタブーを犯すのを防ぐのにも役立ちます。

# ランチボックスのレシピ

## コリアンダー・パラーター

[4人分]
**生地**：準強力粉（T110）またはアタ粉（インドの全粒粉で専門店で入手）300g、ぬるま湯150ml、植物油 大さじ3（生地の成形用は別に必要）、塩小さじ1。**生地に塗るペースト用**：コリアンダー 1束、ニンニク4片、ギーまたはバター大さじ5、塩

新鮮なコリアンダーとみじん切りにしたニンニク、塩、溶かしたギー（またはバター）大さじ5を滑らかになるまで混ぜてペースト状にする。別のボウルに、塩小さじ1とぬるま湯を入れて混ぜる。そこに小麦粉をふるい入れ、植物油も入れて混ぜ合わせる。塩水を少しずつ加えながら、生地が軟らかくまとまるまで10分ほど練る。濡れ布巾をかけてそのまま1時間ほど寝かせる。生地を8つに分けて丸く成形する（指先に少量の植物油をつけておくと作業しやすい）。溶かしバター（材料外）をつくっておく。生地を幅5cm×長さ30cmほどにのばす。最初に用意したコリアンダーのペーストを表面に塗り、縦半分に折る。溶かしバターを塗り、端から丸めてカタツムリのような形にする。めん棒でのばし、直径20cmの円形にする。クレープ用のフライパンを熱し、油はひかずに1枚めの生地をおいたら、中火で5分ほど焼く。ひっくり返して裏面も5分焼く。すべての生地を同じように焼き、すぐに食べる。

## 焼きナスのカレー［バインガン・バルター］

[4人分]
皮がなめらかでツヤのある美しいナス 2本、完熟トマト 1個、ニンニク 2片、新鮮なコリアンダー 4~5本、ガラム・マサラ 大さじ2、プレーンヨーグルト 大さじ2（かき混ぜておく）、植物油、塩

ナスは縦半分にする。包丁の刃が皮に当たらないように気をつけながら、ナスの果肉に十字の切り込みを入れる。上からガラム・マサラを振りかけ、果肉の表面に少量の油を塗る。焦げないようにアルミ箔をかぶせ、180℃のオーブンで25分焼く。ソテー用鍋を熱し、すりおろしたニンニク2片を、茶色く色づくまで強めの火で5分ほど炒める。細かく刻んだトマトと塩を加え、さらに中火で5分炒めたら火から外す。ナスに火が通ったら、オーブンから出す。冷めたらスープ用スプーンを使って果肉を取り出し、粗く刻む。ナス、トマトとニンニク、ヨーグルト、刻んだ新鮮なコリアンダーひとつかみを混ぜ合わせる。

## サフラン・ライス

[4人分]
バースマティー米 250g、サフラン 1つまみ+飾り用に1つまみ、細塩 小さじ1/2

バースマティー米を炊く（▶64ページ参照）。そのあいだに大さじ2のぬるま湯にサフランを浸しておく。米が炊きあがってそのまま蒸らしたら、器に米大さじ4を取り分け、サフラン水を振りかける。均一な色になるようによく混ぜたら鍋に戻して、サフラン水をかけた米と炊いた白米をいっしょにする。

## ヒヨコ豆とホウレンソウのカレー [チャナ・パーラク]

[4人分]
乾燥ヒヨコ豆（前の日から水に浸けておく）500g、またはゆでたヒヨコ豆700g、皮をむいて輪切りにしたニンジン200g、細かく刻んだホウレンソウ 200g、粗く刻んだトマト200g、スライスしたタマネギ 1個、押しつぶしてピューレにしたニンニク2片、ショウガ 3cm、シナモンスティック 1本、カルダモン 4個、クローブ 2個、フェンネルシード 小さじ1/2、コリアンダーパウダー 小さじ1、ガラム・マサラ 小さじ1、ココナッツミルク 200ml、ギー大さじ1、塩

皮をむいたショウガに塩少々を加え、すり鉢でピューレ状にする。深いソテー用鍋でギーを熱し、シナモンスティック、クローブ、つぶしたカルダモン、フェンネルシードを炒める。そこにタマネギ、ニンニクのピューレ、ショウガを加え、タマネギがとろりとするまで炒めたら、ガラム・マサラとコリアンダーパウダーを振りかける。よく混ぜ合わせたら、シナモン、クローブ、カルダモンを取り除く。ミキサーに入れ、少量のヒヨコ豆、粗く刻んだトマト、ココナッツミルクを加えてクリーム状にする。ソテー用鍋に戻し、蓋をして弱火で5分火にかける。ニンジンとヒヨコ豆を加え、もう一度蓋をして15分弱火で煮込む。細かく刻んだホウレンソウを加え、蓋をしないでさらに5分火にかける。

# パンと米

都市部を除いて、インドではお店でパンを売っているわけではないので、
毎日、いえ毎食、どの家庭でもパンを焼いています。
どんな材料を使い、どうつくるかは地域によって違いが見られます。
北インドでは小麦粉と水で生地をつくり、具を入れずに、あるいは
具を入れておいしく焼き上げます。南インドでは米とレンズ豆を使って、
軟らかくて黄金色のクレープのようなパンを焼きます。

# 北インドのパン

北インドのパンは、「チャパティー」「ローティー」「フルカー」と呼ばれ、
全粒粉をベースにつくるのが基本です。トウモロコシ粉や雑穀粉、あるいは
数種の穀物粉をミックスしたものを使うこともよくあります。
薄く焼き上げたものが多く、焼き方にもいくつもの方法があります。たとえば、
プレーンなもの、生地を層状にしたもの、具を包んだもの、具を上にのせたものなどです。
インドでは、パンはその味を楽しむだけでなく、
食べものを包み込むようにつかんで口に運ぶためのものでもあります。

## 無発酵パン

日常的に最もよく食べられているのは、無発酵のパンです。全粒粉と水で生地をつくり、生地を寝かせる必要はありません。

インドでいちばんよく知られているのが「チャパティー」です。全粒粉でつくったごく薄いパンで、「タワ」という鉄製のフライパンで毎日焼かれます。

ラージャスターン地方の「バーティー」は、全粒粉でつくった生地を直火で焼いた、小さなボール状のパンです。インドのバターに浸し、レンズ豆の料理といっしょにいただきます。

「タンドーリー・ローティー」は、チャパティーと同じ材料で生地をつくり、タンドール窯で焼いたパンです。

## チャパティー

[6枚分]
全粒粉(T110)またはアタ粉(インドの全粒粉で専門店で入手) 300g、ぬるま湯 150~200ml、ギーまたはバター、植物油 大さじ3、塩小さじ 1/2

**生地の下ごしらえ：**ボウルに塩を入れ、ぬるま湯150~200mlで溶かす。別のボウルに全粒粉をふるい入れ、植物油を加えて混ぜ合わせる。塩水を少しずつ加えながら、生地に弾力が出るまで10分ほどこねる。ボウルに濡れ布巾をかぶせて1時間寝かせる。その後、生地を6つのボール状に分け、厚さ約2mm、直径20cmほどの円形にのばす。クレープ用のフライパンを熱し、のばした生地をおいて中火で5分焼く。生地に気泡ができたら、フォークを使ってそっと平らにする。ひっくり返してさらに5分焼き、表面にバターまたはギー1かけ分を塗る。焼き上がったものから重ねていき、アルミ箔をかぶせて40~50℃のオーブンで保温する。

# 発酵パン

生地を発酵させるタイプのパンは中央アジアが起源で、白い小麦粉を使ってつくります。発酵のためには生地を寝かせる時間が必要です。生地を発酵させるにはヨーグルトを使います。その後、大きな円筒形の「タンドール」という土窯の内壁に貼りつけて焼き上げますが、ほんの数個の炭だけで焼くのに内部の温度は400℃に達するため、焼成時間は数秒しかかかりません。ただ、このように焼くのが難しいため、家のキッチンでつくられることはあまりありません。レストランに出かけたときや、結婚式などのお祝いの席には欠かせないパンです。プレーンなものから、パニール(チーズ)やニンニク、野菜、肉を具にしたものなどがあります。

## プレーン・ナーン

[6枚分]
小麦粉 500 g、ブルガリアヨーグルトまたはプレーンヨーグルト 125 g (1瓶)、生イースト 8 g、水 180ml、ギーまたはバター、植物油 大さじ 4、砂糖 小さじ 1、塩 小さじ 1

ナーンは、白い小麦粉をパン酵母で発酵させて焼き上げるパンです。チャパティーより手間がかかるので、特別なときにしかつくりません (たとえば結婚式や誕生日のときなど)。

**生地の下ごしらえ：**ボウルに小麦粉、塩、砂糖を入れて混ぜ合わせる。粉の中央にくぼみをつくり、植物油、ヨーグルト、イースト、半量の水を加える。パンこね機または手で15~20分ほどこねる。生地が軟らかくなり、ボウルの側面にくっつかなくなったら、残りの水を少しずつ加えて滑らかな生地にする。軟らかくてべたべたしない生地に仕上げるには、水と小麦粉の量をためらわずに調整すること。布巾をかけて、乾燥した暖かい場所で1~2時間寝かせると、イーストのおかげで生地が2~3倍にふくらむ。生地を6つに分け、ミカンぐらいの大きさのボール状に成形したら、打ち粉をした作業台の上におく。それぞれ直径25cmほどの円形にのばしてから焼くが、タンドール窯がなくても、蓋つきのソテー用の大きなフライパンがあれば大丈夫。フライパンを熱したら生地をおき、蓋をして5分焼き、ひっくり返す。焼き上がったナーンの上にギーまたはバター1かけをのせ、温かいうちに食べる。

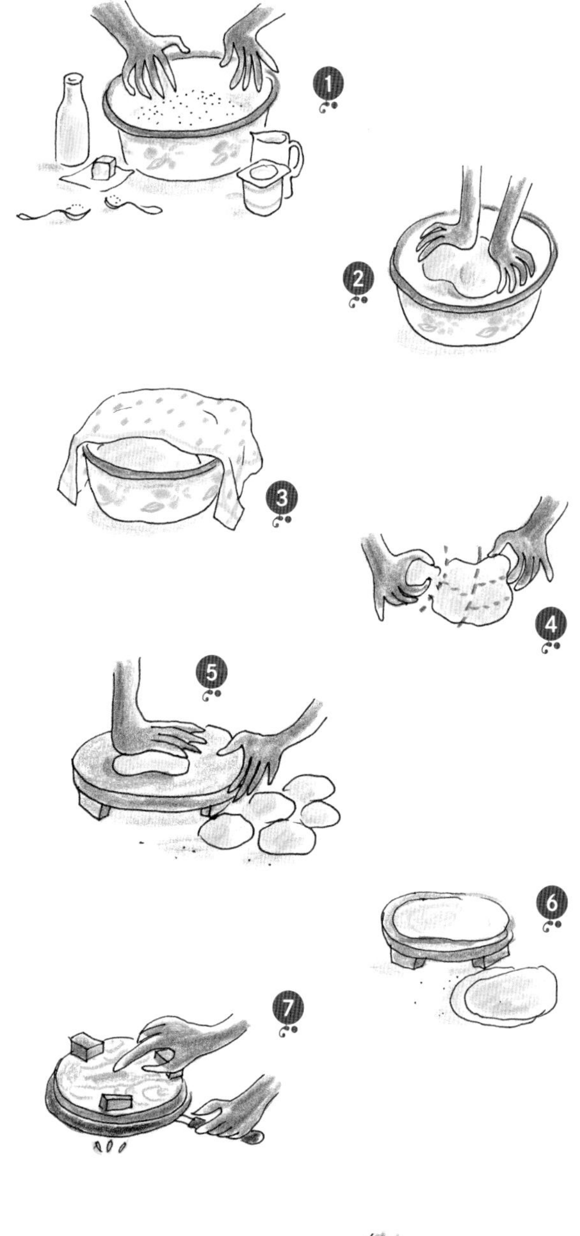

# 具入りのパン

全粒粉をベースに、ギーやその他の油脂を使ってつくる薄焼きパンが、「パラーター」です。レンズ豆の具材を包み込み、油で揚げたパンは「ダール・プーリー」と呼ばれています。

## ガーリック・ナーン

[6枚分]
小麦粉 500 g、ブルガリアヨーグルトまたはプレーンヨーグルト 125 g（1瓶）、生イースト 8 g、水 180ml、ギーまたはバター、ニンニク 5~6片、植物油 大さじ4、砂糖 小さじ1、塩 小さじ1

**生地の下ごしらえ：**ボウルに小麦粉、塩、砂糖を入れて混ぜ合わせる。粉の中央にくぼみをつくり、植物油、ヨーグルト、イースト、半量の水を加える。パンこね機または手で15~20分ほどこねる。生地が軟らかくなり、ボウルの側面にくっつかなくなったら、残りの水を少しずつ加えて滑らかな生地にする。軟らかくてべたべたしない生地に仕上げるには、水と小麦粉の量をためらわずに調整すること。布巾をかけて、乾燥した暖かい場所で1~2時間寝かせると、イーストのおかげで生地が2~3倍にふくらむ。生地を6つに分け、ミカンぐらいの大きさのボール状に成形したら、打ち粉をした作業台の上におく。それぞれ直径25cmほどの円形にのばす。ニンニクはごく薄くスライスし、半量を生地の上に散らし、残りの半量は指で生地に埋め込む。タンドール窯がなくても、蓋つきのソテー用の大きなフライパンがあれば大丈夫。フライパンを熱したら生地をおき、蓋をして5分焼き、ひっくり返す。焼き上がったナーンの上にギーまたはバター 1 かけをのせ、温かいうちに食べる。

# 油で揚げたパン

「プーリー」は油で揚げた小さなチャパティーです。空気を含んだ生地はサクサクしていて、儀式のときによく食べられるパンです。

## プーリー

[10枚分]
全粒粉(T110)またはアタ粉(インドの全粒粉で専門店で入手) 300g、ぬるま湯 100ml、好みの揚げ油 1リットル、植物油 大さじ3、塩

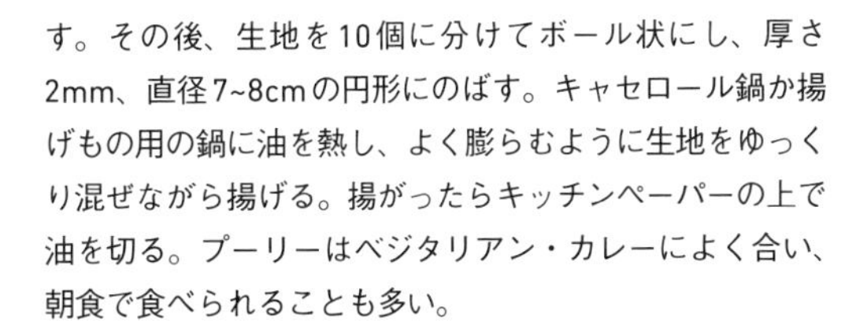

このふっくらとした小さな揚げパンは、おなかのすいた朝の食事に最適です。インドでは、通り沿いの小さな屋台などで売られています。

ボウルに塩小さじ1を入れ、ぬるま湯で溶かす。別のボウルに小麦粉をふるい入れ、植物油を加えて混ぜ合わせる。塩水を少しずつ加えながら、生地に弾力が出るまで10分ほどこねる。ラップにくるんで涼しいところで1時間冷やす。その後、生地を10個に分けてボール状にし、厚さ2mm、直径7~8cmの円形にのばす。キャセロール鍋か揚げもの用の鍋に油を熱し、よく膨らむように生地をゆっくり混ぜながら揚げる。揚がったらキッチンペーパーの上で油を切る。プーリーはベジタリアン・カレーによく合い、朝食で食べられることも多い。

**バトゥーラは発酵させたパンです。熱した油で揚げると、平たい生地がふくらんで黄金色になり、カリッとした食感が食欲をそそります。「チョーレー」と呼ばれるヒヨコ豆のカレーとは切り離せません。**

# 南インドのパン

**南インドでは、パン生地を発酵させたり、蒸し焼きにしたりする方法がよくおこなわれています。その方法で焼くと、米とウラドダールをベースにした生地が、シンプルで軽く、サクサクとした黄金色の華やかなパンに生まれ変わります。**

## クレープ

### アッパム

米粉とココナッツの生地を発酵させてつくるパンケーキの一種で、黄金色のぎざぎざの縁が特徴です。スパイシーなシーフードカレーやポテトカレーといっしょに朝や夕の食卓にのぼります。

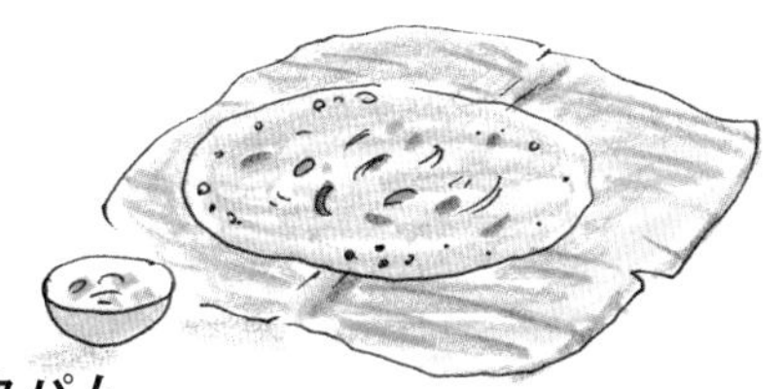

### ウッタパム

トマトとタマネギを混ぜた生地を焼いた、軟らかくて厚みのあるパンケーキの一種です。トマトチャツネといっしょに食べるウッタパムは、朝食に欠かせません。

### アダイ

ドーサに似たクレープ状の軽食です。発酵させていない生地でつくります。

### ドーサ

発酵させてから焼き、具をのせて丸めたクレープのような軽食です。南インドの「サンバル」というカレーや、ココナッツチャツネと切り離せないものです。

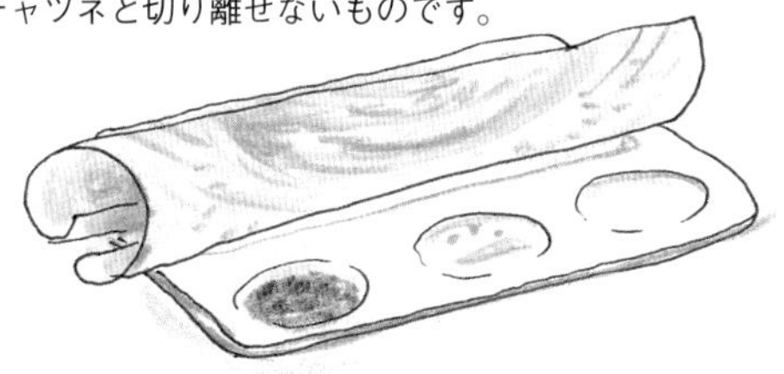

### ドーサ

[4人分]
白米 300g、ウラドダール（粒の小さな白レンズ豆）200g、ドライイースト 小さじ1、ギー、塩 小さじ1/2

とくに南インドでよく知られているクレープ状の軽食です。ストリートフードを象徴する食べもので、塩だけをつけて食べる場合もあれば、マサラ（野菜カレー）を添えて食べることもよくあります。朝食に最適な一品です。

米を6時間水に浸けて水切りする。次に、ミキサーに米と少量の水を加えてペースト状にする。ウラドダールも同じようにする。2つを合わせてイーストと塩を加えて混ぜたら、そのまま室温で4時間発酵させる。水を加え、濃いめのベニエ（ドーナツ）生地のような硬さに調整する。クレープ用のフライパンに生地を流し入れ、スプーンの背で中心から広げて円形にする。少量のギーを上からたらし、端が少し色づいたら裏返す。円錐形のドーサにしたいときは、生地の端から中心に1本切れ目を入れ、生地を丸めてとんがり帽子のようにする。切れ目を入れずに端から丸めることもできる。温かいうちに、または冷ましてから食べる。

# 蒸しパン・揚げパン

「イドゥリー」は、米粉とウラドダール粉をベースにしたペースト状の生地を発酵させ、その後、型に入れて蒸したパンです。

## イドゥリー

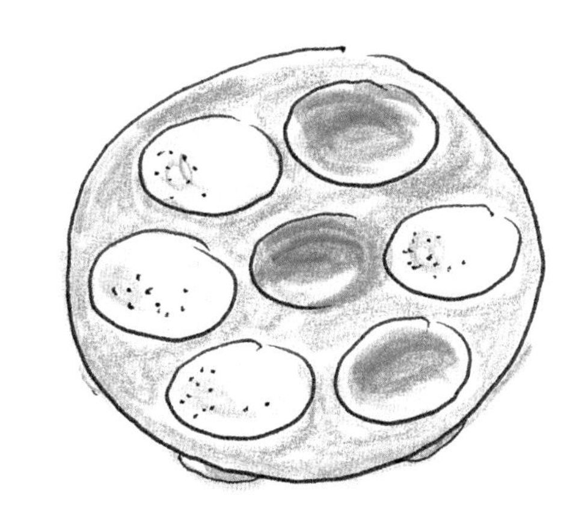

[4枚分]
バースマティー米 300g、ウラドダール（粒の小さな白レンズ豆）100g、全乳ヨーグルト 大さじ1

この小さくて軟らかい蒸しパンは、涼しいところで保存もできるが、温かいうちに食べるほうがいい。まず、たっぷりのぬるま湯に米を浸す。別途、ウラドダールも同じようにする。6時間後に水を切る。米と豆をいっしょにミキサーで回し、必要なら水を少しずつ加えて、なめらかなベニエ（ドーナツ）生地のような硬さにする。ヨーグルトを加え、室温（または、可能なら30~40℃）で6時間発酵させる。金属製またはシリコン製のイドゥリー型に生地をそれぞれ4分の3ほど流し入れ、（圧力鍋を使わずに）ゆっくりと15分ほど蒸す。

## ワダ

ウラドダールがベースの生地を黄金色に揚げたもので、新鮮なココナッツチャツネ、熱々のサンバル（▶レシピは77ページ）といっしょに食べます。お祝いの席のメニューに欠かせません。

## パニヤラム

小さなボール状の軽食で、甘いものも塩味のものもあります。フィルターコーヒーといっしょにいただきます。新年のもてなしに最適です。

# 米

**お米は、ヒンディー語で「チャーワル」と呼ばれています。
インドの大部分の地域で主食とされていて、
この国全体でとても重要な作物です。**

米は、北はヒマラヤ山脈の麓から南はカルナータカ州の沿岸部にいたるまで、気候の異なる地域でつくられます。天水から灌漑までさまざまな栽培方法があり、それぞれの栽培法でつくる米はおよそ100種。その土地の湿度、夜間の気温の低さ、日照時間、気温によって、個性的で魅力的な香りや色、形、味が生まれます。

# 米の品種について

ガンダサーレ米は、とても香り高いお米です。キッチンに届く前に田んぼで実っているときから香りを放ちます。

ジーラカラサ米は、南インド・ケーララ州ワヤナッドの部族共同体で広く栽培されています。

インド北東部ベンガル地方の米は、ベンガルトラと同じぐらいよく知られています。古代米の黒米である「カロバート」という品種もその一つです。

ポンガル米は、「女性のお米」と呼ばれています。米粒が赤く、とくに妊婦のからだによい成分が含まれていると考えられています。

サンバ米は、南インド・タミルナードゥ州原産のお米です。小粒で楕円形なのが特徴で、バースマティー米と同じぐらい人気があります。

# バースマティー米

バースマティー米は、パンジャーブ地方の人たちが誇る、真珠のようなお米です。
パンジャーブのお米として知られるバースマティー米は、炊くと米粒が長くなり、
独特の芳香を発するという2つの大きな特徴があります。そのため最高の米とされています。

## 野菜入りプラーオ

[4人分]
バースマティー米 200g、ニンジン 40g、ピーマン 40g、赤ピーマン 40g、赤タマネギ 40g、ブラックマスタードシード 大さじ1、クミンシード 大さじ1、おろししょうが 3cm分、ギーまたは植物油 大さじ2、塩

米を洗い、水気を切る。野菜はすべて、さいの目切りにする。キャセロール鍋でギー大さじ2を熱し、マスタードシードとクミンシードを炒める。マスタードがはじけ、クミンに少し焦げ目がつくまで火を入れたら、おろしショウガ、米、さいの目切りの野菜を加える。塩で味つけし、2~3分炒める。冷水350mlを加え、蓋をして中火で20分ほど炊く。蓋をしたまま10分蒸らし、好みのライタ(▶レシピは98~99ページ)を添えて食べる。

## チキン・ビリヤニ

鶏骨つき肉(上もも肉＋もも肉) 6本、バースマティー米 400g、赤タマネギ 3個、おろしニンニク 3片分、おろしショウガ 3cm分、コリアンダー 1/2束、ミント 1/2束、カシューナッツ 少々、ガラム・マサラ 大さじ2、クローブ 2個、カルダモン 2個、ローリエ 2枚、八角 1個、シナモンスティック 1本、サフランパウダー 1つまみ、プレーンヨーグルト 2瓶(250g)、温めた牛乳 100ml、植物油、塩 小さじ1/2

ボウルに鶏肉を入れ、ヨーグルト、ガラム・マサラ、ニンニクとショウガをそれぞれ半量、コリアンダーとミントのみじん切りをそれぞれ半量、植物油大さじ1を加えて混ぜ合わせ、涼しいところに2時間ほどおいてなじませる。米を洗い、1~2時間水に浸ける。薄切りにしたタマネギ1個とカシューナッツを、植物油大さじ2で5分ほど中火で炒める。ココット鍋に薄切りにした残りのタマネギ2個、残りのニンニクとおろしショウガ、ホールスパイス(カルダモン、ローリエ、八角、シナモン)、塩小さじ1/2を加え、絶えずかき混ぜながら強火で10分ほど炒める。マリネした鶏肉を加え、強めの火で片面を5分ずつ焼く。米を水切りして冷水を張ったキャセロール鍋に入れ、クローブ2個、ローリエ1枚、植物油大さじ2を加えて火にかける。中火で10分加熱し、水を切る。炊きあがったらそのままおいておく。

牛乳を温めてサフランパウダーを溶かす。ここまでに調理した4つのものを1つにまとめる。まず、ココット鍋の鶏肉の上に炊きあがったお米をのせ、残りのコリアンダーとミントのみじん切りを散らす。次に、サフランミルクをお米の上にかける。ココット鍋に蓋をして180℃のオーブンで30分加熱する。食べる直前に全体を混ぜ、ローストしたカシューナッツとフライドオニオンを振りかける。熱々のうちに召し上がれ。

1
PATE
D'AIL
2
3
4
5
6

# さまざまな米料理

穀物として使われることが最も多い米ですが、フレーク、米粉、セモリナ(粗挽き粉)、スフレなど、さまざまなかたちで利用されています。クレープ、パン、ケーキ、スイーツ、軽食など、レシピも数えきれないほどあります。

## 米と儀式

　米は神聖さを象徴する作物です。人生の各段階の儀礼や、宗教的な儀式に欠かせません。たとえば、赤ちゃんのお食い初め「アンナプラーシャン」では、米が主役の座につきます。

　儀式のたびに、米を使った食べものがたくさん用意され、家にたくさんの人を迎え入れます。そのため、中庭や家の床には色とりどりの米粒で一度かぎりの絵が描かれます。それは地域によって「ランゴーリー」「コーラム」「ムッグー」などと呼ばれています。

## ポンガル

「ポンガル」は、タミルナードゥ州でおこなわれる有名な収穫祭です。このお祭りの日に食べるお粥のようなものの名前も、ポンガルです。各家庭で、サトウキビからしぼったジュースでお米を炊き、バナナの葉にのせて食べます。

## お米を炊く

[4人分]
バースマティー米 250g、水 375ml、
粒の細かい塩 小さじ1/2

　米を洗い、水が透明になるまで何度かすすぎを繰り返す。そうすると、米がさらに白っぽくなり、米粒が互いにくっつかなくなる。時間があれば、水に数時間浸けておくと、米の品質にもよるが米粒が20~25%ほど長くなる。

4

米を炊くために、キャセロール鍋に米を入れ、水を加えて火にかける。

5

塩を振ったら蓋をして、15~20分炊く(米の量やキャセロール鍋の厚みによって調整する)。

6

この炊き方では、蒸気によって米が炊かれ、米が水分を完全に吸収する。そのため、炊飯中に絶対に蓋を開けてはいけない。蓋を開けると蒸気が逃げてしまい、うまく炊けない。

7

炊きあがったら、蓋をしたまま10分ほど蒸らす。米粒をつぶさないようにそっと、フォークを使ってごはんをほぐす。

# 雑穀・豆類

パンには、小麦のほか、キビ、トウモロコシ、ソバ、モロコシなどの穀物粉が使われます。

また、米だけでなく、キビやブルグル（乾燥挽き割り小麦）などの穀物も料理に使われています。

ヒヨコ豆の粉[ベサン]はとても人気があり、揚げもの[パコーラー]やパンケーキ[チーラー]、塩味のケーキ[ドークラー]などに使われます。ハルワーなどの甘いお菓子の材料にもなります。

ヨーグルトのスパイスソースとベサンのスープ[カディー]

ベサン・ラッドゥー
(ヒヨコ豆のお菓子)

朝食用のドライフルーツ入りのブルグル[ダリヤー]

## パコーラー

[4人分]
ヒヨコ豆の粉 250g、ナス 小1個、赤タマネギ 1個、ズッキーニ 1本、カリフラワー 1/4個、クミンパウダー 小さじ1、ガラム・マサラ 小さじ1、パプリカまたはチリパウダー 小さじ1、植物油、塩

**生地の下ごしらえ：**ヒヨコ豆の粉とスパイスをすべて混ぜ合わせ、塩を加える。お湯（約250ml）を少しずつ加え、生地が厚くなりすぎないようになめらかなドーナツ生地のような硬さにする。**野菜の下ごしらえ：**すべての野菜を棒状またはおよそ5mmの輪切りにする。切った野菜をすべて生地に浸し、余分な生地はとりのぞきながら2本のフォークで野菜を取り出す。ソテー用鍋に植物油を1cmほど注ぎ、火にかける（煙が出ない程度に熱する）。野菜を油のなかに並べる。ときどきひっくり返しながら、すべての面が黄金色になるまで火を通す（各面約5分）。ペーパータオルの上で油を切り、好みのライタ（▶レシピは98ページ）を添えて熱々のうちに食べる。

## ドークラー

[4人分]
**蒸しパン用：**ヒヨコ豆の粉 150g、レモン汁 小さじ1、重曹 小さじ1、塩 小さじ1、砂糖 小さじ1、植物油 大さじ1、水。**ソース用：**青トウガラシ（縦に切る）1本、みじん切りにしたコリアンダー 大さじ2、すりおろしたココナッツ 30g、マスタードシード 小さじ1、ターメリック 2つまみ、水 100ml、油 大さじ1

**生地の下ごしらえ：**大きなボウルに、ヒヨコ豆の粉、砂糖、塩、レモン汁、植物油を入れて混ぜ合わせる。水を加え、なめらかなペースト状にする。重曹を加えて2倍に膨らむまで寝かせる。蓋をした蒸し器で10分ほど蒸す。途中で生地の中央にナイフをさしてみて、生地がナイフにくっつくようなら、さらに5分蓋をしたまま加熱する。蒸し上がったら容器に入れて冷まし、冷めたら大きめの角切りにして容器に戻す。**ソースの下ごしらえ：**フライパンに油をひいてマスタードシードを入れ、蓋をしてマスタードがはじけるまで数秒炒める。青トウガラシ、コリアンダー、ターメリック、水を加える。沸騰したら火からおろし、角切りにしたドークラーの上にかける。すりおろしたココナッツとコリアンダーを添えたら、15分なじませてから召し上がれ。

640
800
280
70
80
80
90
90
80
60
70

# ダールとカレー

インド料理の主役は、「ダール」と呼ばれる豆類と、カレーです。
この2つは他のものでは替えがききません。
インドの食事は、ひとくち食べるごとに、さまざまな味と食感が口のなかに広がります。
ダールは、水分、土っぽさ、渋み、それに植物性タンパク質をもたらし、
パン類や米、野菜、肉ともよく合います。
カレーという言葉は、野菜、肉、魚などをスパイスといっしょに調理した料理の総称です。
それによって、食材のもつ酸味、塩味、辛味、苦味がより引き立ちます。

# ダール

**豆類［ダール］をベースにし、スパイスやハーブで風味づけした、**
**液状または半液状のスープも「ダール」と呼ばれています。調理法の違いによって**
**「タルカー・ダール」「ダール・マッカニー」「ダール・フライ」と料理名もさまざまです。**
**インドではどこの家庭でも、ダールが一年じゅう、毎日のように食卓にのぼります。**
**とくに夕食には欠かせません。インドの食事を最小限まで切り詰めると、**
**かならずダールが残るでしょう。**

## さまざまなダール

ダールとは、レンズ豆やエンドウ豆、大豆などの豆類の総称です。インドでの毎回の食事に欠かせないとても重要な食材です。とくにベジタリアンのタンパク源になっています。

**挽き割りリョクトウ**［ムングダール］

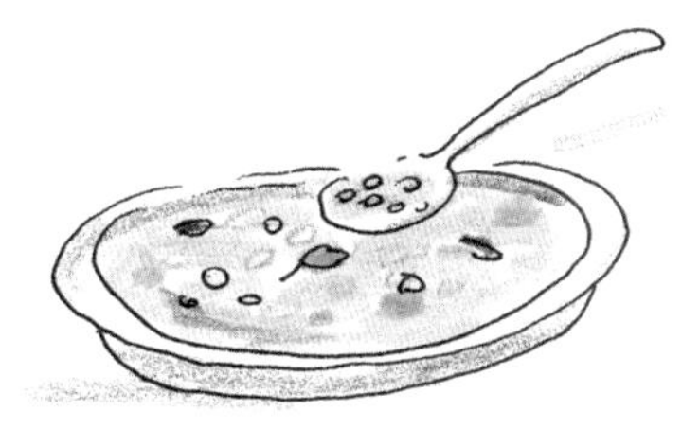

**ベンガルヒヨコ豆**［チャナダール］

**赤レンズ豆**［マスールダール］

**レンズ豆**［サーブトダール］

**皮付き挽き割りリョクトウ**
［ムングダール］

## ムングダール

リョクトウ(別名、青小豆)の一種、ムングを割ったものは、ムングダールと呼ばれています。砕いたり、砕いたあとに皮を取り除いたりしてから使われます。

## ベンガルヒヨコ豆

黒ヒヨコ豆の一種。さやから取り出して皮をむくと、黄色い豆が顔を見せます。「チャナダール」とも呼ばれます。

## トゥールダール

キマメ。濃い黄色が特徴です。

## ウラドダール(ウリドダール)

インド原産の黒豆の一種です。そのまま、あるいは割って、または砕いて皮をむいてから料理に使います。

## マスールダール

皮をむいて割ったレンズ豆です。オレンジ色が特徴の豆で、「赤レンズ豆」とも呼ばれています。皮をむかないものは「サーブトダール」と呼ばれます(サーブトは「丸のまま」という意味)。消化をよくするために、レンズ豆はたいてい皮をむいてから使われます。

## 食事の支度

最後に「タルカー」をつくりましょう。クミンやマスタードなどのホールスパイスを、赤トウガラシ、ニンニク、アサフェティダといっしょに高温の油やバターで炒めます。スパイスの香りがついたこの熱い油を、煮込んだレンズ豆にかけて風味づけします。タルカーをつくるのは、インドのキッチンにおける一つの儀式といえます。

### タルカー・ダール

[4人分]
レンズ豆（挽き割り）150g、小ナス6個、トマト2個、ライム1個、ニンニク2片、乾燥トウガラシ 小2本、ローリエ1枚、クミンシード 大さじ1、ブラックマスタードシード 小さじ1、ターメリック 小さじ1/2、アサフェティダ（専門店で入手）少々、金ゴマ、コリアンダー 数本、植物油またはギー 大さじ2、塩

レンズ豆は水で洗い、冷水に1時間浸けておく。3倍の分量の水のなかに入れ、ターメリックと刻んだトマトを加えて加熱し、沸騰してから15分煮る。そのあいだに、フライパンに植物油またはギーを熱し、クミンシード、アサフェティダ、ローリエ、丸のままの乾燥トウガラシ、みじん切りのニンニクを茶色く色づくまで炒める。炒めたスパイスを鍋に加える。よく混ぜ、塩で味を調えたら、ライムの果汁をしぼる。ナスは適当な大きさに切る。ソテー用鍋にギー（大さじ1）を熱し、マスタードシードを炒める。食べる直前に揚げたナスをダールの上に並べ、ゴマとコリアンダーを散らす。

## ダール・マッカニー

[4人分]
青レンズ豆 150g、赤インゲン豆 100g、青トウガラシ 小1本、トマトピューレ 200ml、新鮮なコリアンダー 2~3本、カルダモン 2個、クローブ 2個、ローリエ 1枚、シナモンスティック 1本、ターメリック 1つまみ、クミンパウダー大さじ1、乾燥したフェヌグリークの葉 大さじ1 (好みに応じて)、おろしニンニク 3片分、おろしショウガ 3cm分、生クリーム 100ml、植物油 大さじ2、塩

水500mlにローリエを入れて、青レンズ豆をゆでる。赤インゲン豆も同じようにゆでる。**ソースの下ごしらえ：**ソテー用鍋に油をひき、カルダモン、クローブ、シナモンスティックを10分炒める。ニンニク、ショウガ、刻んだ青トウガラシ、クミンパウダー、塩 (小さじ1/2)、ターメリックを加える。水分が十分に飛んだら、トマトピューレを加え、蓋をして10分加熱する。青レンズ豆と赤インゲン豆、生クリーム、フェヌグリークを加え、蓋をして弱火で10分煮込む。コリアンダーを散らして召し上がれ。

## ダール・フライ

[4人分]
赤レンズ豆 200g、トマト1個、タマネギ1個、おろしニンニク3片分、おろしショウガ3cm分、乾燥トウガラシ1本(好みに応じて)、カレーリーフ3~4枚、クミンシード大さじ1、コリアンダーパウダー小さじ1、チリパウダー1つまみ、ターメリック小さじ1/2、ギーまたは植物油大さじ1、塩小さじ1/2

鍋にレンズ豆とその3倍量の水を入れる。塩は入れずにターメリックを加え、沸騰してから10分ゆでる。そのあいだに、フライパンにギーまたは植物油を熱し、クミンシードとカレーリーフを色づくまで炒める。みじん切りにしたタマネギとトマト、ニンニク、ショウガ、丸のままのトウガラシ、コリアンダーパウダー、塩、チリパウダーを加えて混ぜる。蓋をして10分加熱する。ゆでたレンズ豆とそのゆで汁(約250ml)を加え、中火で5分煮込む。

# 南インドの名物料理

## サンバル
## (タマリンドを使った酸味のあるスープ)

[4人分]
インゲンマメ、キマメ(トゥールダール) 20g、トマト2個、青トウガラシ1本、タマネギ1個、ニンニク1片、カレーリーフ5枚、ローリエ1枚、シナモンスティック1本、タマリンドペースト 大さじ2、すりおろしたココナッツの果肉(生またはドライ) 小さじ2、マスタードシード 小さじ1、クミンシード 小さじ1/2、ターメリック 小さじ1/2、ギー小さじ1、塩

キマメは水で洗う。鍋にレンズ豆とその3倍量の水を入れ、ターメリックを加えて15分ゆでる。ゆで上がったらスープ用スプーンの背で豆をつぶしておく。インゲンマメは筋を取り、たっぷりの熱湯に塩を加えて15分ゆでる。トマト、青トウガラシ、芽をとったニンニク、ココナッツの果肉はミキサーにかけておく。タマネギはすりおろす。タマリンドペーストを500mlの水で溶かし、漉しておく。

大きめのキャセロール鍋にギーを熱し、マスタードシード、クミンシード、カレーリーフ、ローリエ、シナモンスティックを入れて、2~3分炒める。トマトとココナッツのペーストを加え、かき混ぜながら加熱する。インゲンマメとタマリンド液を加えて10分煮込み、スープが濃すぎるようなら水を少し足して調整する。

# カレー

**「カレー」という言葉は、「ソース」を意味するタミル語の「カリ」に由来しています。
それをイギリス人が英語に取り入れ、
スパイスを使った料理全般をカレーと呼ぶようになりました。**

インド料理の名前を表すとき、インドの人たちは、イギリス人が英語に取り入れた言葉をほとんど使いません。インドで食べられている「カレー」を正確な言葉で言い表したいからです。たとえば、スパイシーな野菜料理は「サブジー」、濃厚なソースのスパイシーな料理は「マサラ」と呼びます。料理名はメインの食材や調理法、料理が生まれた地域の名によって決められることもあります。

## カレーパウダー

スパイスの配合があまりに複雑なため、すぐに使えるよう、イギリス人はスパイスを混ぜ合わせた粉をつくりだしました。彼らはこのカレー粉を小さな箱に入れて、インド料理をイギリスに持ち帰ったのです。

# タンドーリー

タンドール窯で焼いて調理したものを「タンドーリー」と呼びます。伝統的なタンドール窯は粘土を焼いたテラコッタでできていて、石炭のかけらいくつかで窯のなかの温度を400度ぐらいまで上げることができます。肉、チーズ［パニール］、野菜を串に刺して焼いたり、パン生地を窯の内壁に貼りつけて焼いたりします。

ヨーグルトにスパイスを混ぜ合わせたソースに食材を漬け込んでから焼くので、高温の窯で焼いてもパサつきません。タンドール窯で焼くと、軟らかくてスモーキーな料理ができあがります。

## タンドーリー・チキン

［4人分］
鶏胸肉（または好みの部位）4枚、ニンニクとショウガのすりおろし各 大さじ1、新鮮なコリアンダー 2~3本、コリアンダーパウダー 小さじ1、クミンパウダー 小さじ1、ターメリック 小さじ1/2、トマトペースト 小さじ1、全乳ヨーグルト1瓶（125 g）、ライムのしぼり汁1個分、植物油 大さじ1、塩

**マリネ液の下ごしらえ**：大きな器にヨーグルト、スパイス、ニンニクとショウガのすりおろし、トマトペースト、ライムのしぼり汁、植物油、細かく刻んだコリアンダーを入れ、混ぜ合わせる。鶏肉をマリネ液に浸して全体によくからませ、涼しいところで2時間寝かせる。オーブンを210℃に予熱しておく。耐熱皿に（余分なマリネ液を取り除いた）鶏肉を入れ、塩を振って味を調える。オーブンで25分加熱し、半分火が通ったところで裏返して両面を焼く。

# コルマ

「コルマ」は、華のあるまろやかなカレーで、スパイスを巧みに使うのが特徴です。味わい豊かで、乳製品、ドライフルーツ、フラワーエッセンスなど、たくさんの食材が使われています。それに肉または野菜を加えてつくる、とても甘くて香り高い料理で、かつてはムガル帝国の王の食卓にも出されていました。

　必要な材料が多いので、そんなにしょっちゅう食べられるわけではありません。ですが、結婚式やレストランのメニューに欠かせない料理なので、だれもが食べたことのあるカレーの一つです。

## パニール・コルマ

[4人分]
硬めのパニール（チーズ）600g、完熟トマト 500g（または粗く刻んだトマト 400ml）、湯通ししたアーモンド 30g、タマネギ 1個、ニンニク 2片、ショウガ 2cm、新鮮なコリアンダー、トマトペースト 大さじ1、コリアンダーパウダー 大さじ1、ターメリック 小さじ1/2＋1つまみ、生クリーム 100ml、バター 10g、植物油、塩

　パニールは食べやすい大きさに切る。煙が出ない程度に油（大さじ4）を熱し、ターメリック1つまみを入れて、パニールのすべての面を2分ずつ焼く。火が通ったらペーパータオルの上にのせる。**クリーミーなソースの下ごしらえ：**薄切りにしたタマネギ、すりおろしたニンニクとショウガをかき混ぜながら、大さじ1の油で10分炒める。トマトペースト、コリアンダー、ターメリック、水100ml、塩少々を加えて水分をとばす。トマトとアーモンドをミキサーにかけてから加え、弱火で10分煮込む。生クリームとバターを加えて弱火でさらに10分煮込む。焼いておいたパニールをソースに入れ、香りのいいバースマティー米といっしょに召し上がれ。

## チキン・コルマ

[4人分]
平飼いの鶏胸肉 400g、プレーンヨーグルト 1瓶 (125g)、ライム 1/2個、ローストしていない無塩のカシューナッツ 20g、無塩の湯通しアーモンド 20g、飾り用のナッツ 大さじ1弱 (カシューナッツ、スライスアーモンド、ピスタチオ)、赤タマネギ 小1個、おろしニンニク 3片分、おろしショウガ 3cm分、ターメリック 小さじ1/2、コリアンダーパウダー 大さじ1、チリパウダー 1つまみ、八角 1個、ローリエ 1枚、グリーンカルダモン 3個、ギー 大さじ1、植物油 大さじ2、塩

アーモンド、カシューナッツ、水100mlをミキサーにかけ、なめらかなクリーム状のペーストをつくっておく。鶏肉は2cm角に切る。ボウルにヨーグルト大さじ1、ターメリック、ライム果汁を入れて混ぜ合わせる。そこに鶏肉を加えてソースとあえ、涼しいところで1~2時間寝かせる。ソテー用鍋に大さじ1の植物油を熱し、鶏肉を強火で黄金色になるまで5分炒める。火が通ったら皿によけておく。同じソテー用鍋に大さじ1の油を入れ、ローリエ、八角、ニンニク、ショウガ、コリアンダーパウダー、カルダモン、チリパウダーを強火で10分、混ぜながら炒める。小さめのコップ1杯分の水に、アーモンドとカシューナッツのペーストを加えてよく混ぜ、弱火で10分ほど加熱する。グリルした鶏肉、残りのヨーグルト、塩を加え、蓋をしてさらに10分煮込む。そのあいだに、薄切りにした赤タマネギを大さじ1のギーで10分ほど中火で炒め、ペーパータオルの上に取り出す。ローストしたナッツとタマネギを上から散らし、バースマティー米といっしょに食べる。

## エビとココナッツのカレー

[4人分]
殻つきの生エビ 300g、ライム 1個、すりおろしたココナッツ20gまたはココナッツクリーム100ml、無塩の湯通しアーモンド 20g、新鮮なコリアンダー 4~5本、おろしニンニク 3片分、おろしショウガ 3cm分、ターメリック 小さじ1/2、コリアンダーパウダー 小さじ1、チリパウダー 1つまみ、グリーンカルダモン 3個、クローブ 2個、プレーンヨーグルト 1瓶(125g)、植物油またはギー、塩

生エビをライム果汁とターメリック小さじ1/2でマリネして涼しいところにおいておく。それとは別に、ココナッツとアーモンド、ヨーグルトをミキサーにかけ、なめらかなクリーム状のペーストにしておく。ソテー用鍋に植物油(大さじ2) を熱し、ニンニク、ショウガ、カルダモン、クローブを中火で5分ほど炒める。コリアンダーパウダー、チリパウダー、水100mlを加え、中火で10分ほど加熱して水分をとばす。アーモンドとココナッツのペーストを加え、蓋をして弱火で15分ほど煮込む。その際、沸騰させないよう気をつける。マリネしたエビを加え、塩で味を調えてよく混ぜ合わせる。そのまま10分ほどゆっくり加熱する。ホールスパイスを取り除き、新鮮なコリアンダーを散らして召し上がれ。

# ヴィンダルー

かつてポルトガル人とともにインドに伝わった「カルネ・デ・ヴィーニャ・ダリョス」という料理は、「ヴィンダルー」という名でインド化されました。ポルトガル人は豚肉を酸っぱくなったワインやワインビネガーに漬けていましたが、インド人はそれをヤシ酢で代用し、ショウガやトウガラシを加えました。そのほかにも、マスタードシード、カレーリーフといったスパイスやハーブによってホットな口当たりになり、豚肉の代わりにラム肉やカモ肉、鶏肉を使うことで、イスラム教徒も食べられるようになりました。こうしてヴィンダルーは、ゴア地方の料理のなかでもとくに名高い料理となったのです。

## ラム・ヴィンダルー

[4人分]
ラムの骨なしもも肉 500g、赤タマネギ1個、赤ピーマン小1個、乾燥赤トウガラシ 小3本、おろしニンニク 3片分、おろしショウガ 3cm分、マスタードシード 小さじ1、ガラム・マサラ 小さじ1、トマトペースト 小1缶(70g)、ココナッツミルク100ml、植物油、塩

大きな器にココナッツミルクを入れ、乾燥赤トウガラシを浸し、マスタードシード、ガラム・マサラ、ニンニク、ショウガ、トマトペーストを加える。30分後にミキサーにかけ、マリネ液をつくる。ラム肉は切り分け、3時間から一晩、マリネ液に漬けておく。ラム肉を取り出して水気を切る。マリネ液はとっておく。ソテー用鍋に油大さじ2を入れて強火で熱し、マリネしたラム肉をそのまま強火で5~7分焼く。マリネ液に水100mlと塩小さじ1/4を加える。薄切りにした赤タマネギと赤ピーマンを加え、マリネ液を注ぎ入れる。蓋をして、肉がソテー用鍋にくっつかないように確認しながら、中火で45分煮込む。途中で必要なら水を少し足す。

# ローガン・ジョシュ

辛さより色の鮮やかさで知られるカシミール産のトウガラシと、染料として使われるアルカネットという植物の根を利用するため、鮮やかな赤色が特徴の料理です。赤身の肉(ラムやマトン)といっしょに高温の油で蒸しながら火を入れ、さらにとろ火で煮込むと軟らかでマイルドな赤いカレーができあがります。ムガル人がつくりはじめたこの料理は、カシミール産の素材が加わることによって地域を代表する料理となりました。

## ラム・ローガン・ジョシュ

[4人分]
ラムもも肉 500g、トマト 2個、赤タマネギ 3個、おろしニンニク 2片分、おろしショウガ 3cm分、コリアンダーパウダー 小さじ1、カルダモン 5個、ターメリック 小さじ1/2、シナモンスティック 2本 (またはシナモンパウダー 小さじ1/2)、裏ごししたトマト 150ml、植物油、塩

ココット鍋に赤タマネギを入れ、塩1つまみを加えて中火で10分蒸し焼きにし、おいておく。ラムもも肉は大きめの角切りにする。ココット鍋にラム肉、植物油小さじ1、ニンニク、ショウガを入れ、中火で10分ほど炒める。肉を焼いているあいだに、トマトの皮をむいて種を取り除き、カットしておいておく。ラム肉にほどよい焼き色がついたら、ターメリック、コリアンダーパウダー、カルダモン、シナモンを加えて混ぜ合わせ、中火で5分炒める。調理しておいた赤タマネギ、裏ごししたトマト、水150mlを加え、弱火で25分煮る。カットしておいたトマトを加え、さらに25分ほど煮込む。

# マッカニー

「マッカニー」は自家製バター[マッカン]を使った料理です。トマトをベースとした酸味のある赤いソースに、生クリームとバターの甘さが加わり、クリーミーで官能的な味わいのカレーです。具材にはレンズ豆や鶏肉、チーズ[パニール]などが使われます。料理に乳製品が利用されるようになったのはムガル帝国の時代で、いまではマッカニーはパンジャーブ地方の定番料理として知られています。

## バター・チキン[ムルグ・マッカニー]

[4人分]
鶏胸肉 450g、ライム 1個、種をとった青トウガラシ 1本、タマネギ 1個、パウダー状にしたフェヌグリークの葉 小さじ1、飾り用のコリアンダーの葉 数枚、おろしニンニク 3片分、おろしショウガ 3cm分、パプリカパウダー 小さじ1/2、チリパウダー 小さじ1/4、コリアンダーパウダー 小さじ1、シナモンパウダー 小さじ1/4 、カルダモン 4個、クローブ 2個、アーモンドパウダー 大さじ1、細かく刻んでローストしたカシューナッツ 数個、トマトペースト 小2缶(140g)、裏ごししたトマト 100ml、はちみつ、全乳ヨーグルト 1瓶(125g)、生クリーム 100ml、バター 30g、植物油 大さじ2、塩

大きな器に、ヨーグルト、植物油、アーモンドパウダー、ニンニクとショウガの半量、パプリカパウダー、シナモンパウダー、チリパウダー、塩少々を入れて混ぜ合わせる。このマリネ液に鶏肉を浸して全体によくからめ、1~2時間マリネする。オーブンを210℃に予熱しておく。鶏肉を耐熱皿に移し、オーブンに入れて15~20分加熱する。半分火が通ったところで裏返すこと。そのあいだに、バターソースの下ごしらえをする。ソテー用鍋にバターを入れて弱火で溶かす。残りのニンニクとショウガ、カルダモン、クローブ、みじん切りのタマネギと青トウガラシを加え、中火で10分炒める。コリアンダーパウダーとフェヌグリークの葉を加えてよく混ぜる。トマトペーストと裏ごししたトマト、はちみつ、水100mlを加えたら、弱火で10分煮込み塩で味を整える。食べる直前にライム少々をしぼり入れ、生クリームを混ぜ合わせる。鶏肉にクリーミーなバターソースをかけ、カシューナッツとコリアンダーを散らす。

# ティッカ・マサラ

　肉をマリネしてタンドール窯で焼くまではタンドーリーと同じですが、そのあとにトマトベースのクリーミーなソースで煮込んだのが「ティッカ・マサラ」です。この料理がどこで生まれたのかについてはいろいろな説がありますが、その議論と同じぐらい「熱い（スパイシー）」のが特徴です。このインド料理はイギリスで生まれたと言う人もいますが、はたして本当でしょうか？

## ズッキーニのティッカ・マサラ

[4人分]
緑色・黄色のズッキーニ 500g、青トウガラシ 1本、赤タマネギ 小1個、タマネギ 1個、ライム 1個、粗く刻んだトマトの缶詰 1缶（400ml）、生クリーム 100ml、新鮮なコリアンダー 数本、ニンニク 2片、ショウガ 小1かけ、コリアンダーパウダー 小さじ1、ガラム・マサラ 大さじ1、乾燥赤トウガラシ（好みに応じて）小2、カルダモン 4個、クローブ 2個、ローリエ 2枚、コリアンダー 4~5本、ギーまたは植物油 大さじ3、塩

　タマネギの皮をむき、薄切りにする。ソテー用鍋にギーまたは植物油を熱し、丸のままの赤トウガラシ、クローブ、カルダモン、ローリエ、ニンニクとショウガのすりおろし、薄切りにしたタマネギ、みじん切りにした青トウガラシ、ガラム・マサラ、コリアンダーパウダー、塩（小さじ1）、小さなグラス1杯の水を加え、数分間、かき混ぜながら炒める。トマトを入れて混ぜ、ホールスパイスを取り除き、よく混ぜ合わせる。切ったズッキーニ、大きめの角切りにした赤タマネギを加える。蓋をして中火で15分加熱したら、生クリーム100mlを入れて混ぜる。新鮮なコリアンダーを散らし、ライムをかけて、すぐに召し上がれ。

## フィッシュ・ティッカ・マサラ

[4人分]
メルルーサの背側の身(皮付きの切り身) 4枚、完熟トマト4個(または粗く刻んだトマトの缶詰 小1缶)、タマネギ2個、新鮮なコリアンダー 4~5本、おろしニンニク 3片分、おろしショウガ 3cm分、シシトウ 2本またはピーマン 小1個、コリアンダーパウダー 小さじ1、チリパウダー 小さじ1/2、ターメリック 小さじ1/4、ガラム・マサラ 小さじ1、小麦粉 大さじ2、トマトペースト 小1缶、タマリンドペースト 20g、バターまたはギー 15g、植物油、塩

タマリンドペーストを200mlのぬるま湯に15分浸して軟らかくしてから、漉す。トマトは湯むきし、種をとってピューレ状にしておく。**ソースの下ごしらえ**：ソテー用鍋に大さじ2の植物油を熱する。みじん切りにしたタマネギと、種をとって細かく切ったシシトウを加える。絶えずかき混ぜながら、強火で4~5分炒める。ニンニクとショウガを加え、パウダースパイス(コリアンダー、チリ、ターメリック、ガラム・マサラ)、塩小さじ1/2、トマトペースト、タマリンドを漉したものを加える。水分が蒸発してペースト状になったらトマトを加える。蓋をして弱火で15分煮る。このマサラソースはそのままおいておく。魚に小麦粉をまぶし、余分な粉を払い落とす。そのあいだに、大さじ2の油をひいたフライパンにバターを溶かし、魚の皮を下にして焼き、次に身を焼く。焼けたらペーパータオルの上で油を切り、マサラソースをかけてコリアンダーの葉を少し散らす。

# ガラム・マサラ

ガラム・マサラは、コリアンダー、シナモン、クミン、ショウガ、コショウ、カルダモン、クローブ、フェンネル、ローリエ、八角など、さまざまな「熱い（ガラム）」スパイスをミックスしたものです。北インドで広く使われ、たいていは料理の仕上げに加えられます。インド人はとても辛い料理を「テジ（強烈な）」と言いますが、熱さ・暑さを表現するには「ガラム」という言葉が使われます。たとえば、「ガラム・チャイ（熱いお茶）」「ガルミー・ヘ（暑いですね）」といった具合に。

## ラム肉のニンニクとガラム・マサラ風味

[4人分]
ラム肩肉 約1kg、ニンニク 6片、エシャロット 6個またはルビーオニオン（赤い小タマネギ）10個、おろしショウガ 3cm分、挽きたてのガラム・マサラ 大さじ2、ギリシャヨーグルト 1瓶（125g）、未精製の赤糖［ジャガリー］小さじ1、ギー 大さじ1、塩 小さじ1/2

ヨーグルト、おろしショウガ、塩、ガラム・マサラを混ぜたものをラム肉の表面に塗り、涼しいところに12時間おく。オーブンを180℃に予熱し、そのあいだにラム肉を常温に戻しておく。ココット鍋を熱して大さじ1強のギーを入れ、ラム肉のすべての面に焼き色がつくまで火を入れる。ニンニクとエシャロット（またはルビーオニオン）を皮付きのまま鍋に入れる。赤糖をまぶし、蓋をしてオーブンで2時間加熱する。ラム肉と野菜はそのままにして、ココット鍋から余分な油を取り除く。煮汁をかけながら召し上がれ。

# テーマ別の料理

ひとくちにインド料理と言ってもさまざまな影響を受けているため、
調理法や食習慣に違いが見られますが、インド全体で共通しているものもあります。
たとえばストリートフードは、どんな料理なのか、
どんな人たちが食べているのかという境界があいまいですが、
神聖でお祭り的な要素によって、食べることは
みんなで分け合うことだと思い起こさせてくれます。
インドではギーなどの食品加工技術が何世紀にもわたって受け継がれてきたため、
レシピや食習慣がいつ、どこで生まれたのかに関係なく、広がっていくことができたのです。

# ストリートフード

**サクサクの食感の「サモーサー」や黄金色の「パコーラー」の香りが、人びとの行き交う通りに漂います。道端の小さな屋台や露店では、インド各地の人気の食べものを一日じゅう買うことができます。そうした店はインドの食の風景にすっかり溶け込んでいます。**

## パコーラー

パコーラーは、野菜、ヒヨコ豆またはレンズ豆の粉、スパイスをミックスした揚げ物で「バジ」とも呼ばれ、とくにモンスーンの時季によく食べられています。ジャガイモ、タマネギ、ナス、ホウレンソウなどの野菜を薄切りまたは小さく刻んで、ターメリックとトウガラシ入りの衣をつけてから高温の油で揚げます。「パーラク・パコーラー（ホウレンソウのパコーラー）」「アールー・パコーラー（ジャガイモのパコーラー）」など、使う野菜の名前が料理名の最初につきます。

簡単に調理できるパコーラーは、軽食のなかでも最も人気のあるものの一つです。お皿に山盛りにしたパコーラーは、おやつにもなりますし、結婚式や誕生日パーティーといった特別なお祝いの席でも喜ばれます。パニール・パコーラーをメニューにのせているレストランもあります。

# サモーサー

三角錐のような形のサモーサーは、コリアンダーやコショウ、ショウガなどの香り高いスパイスを具に混ぜ込み、包んで揚げた軽食です。北インドでは具材にジャガイモが使われることが多いですが、他の地域では肉や魚を具に混ぜ込むこともあります。

おいしいものを食べるのにルールはありません。タマリンドやコリアンダーでつくったペースト状の調味料「チャツネ」を添えた熱々のサモーサーは、一日じゅういつでも食べることができます。チャイを飲みながらほおばるのが人気です。

## サモーサー

[12個分]
＊昔ながらの生地の場合
小麦粉 250g、プレーンヨーグルト 大さじ2、ひまわり油 大さじ2、塩 小さじ1/2、揚げ油、好みの具

小麦粉と塩を混ぜ、粉の中心にくぼみをつくる。ヨーグルトとひまわり油を入れて混ぜる。水を少しずつ加えながら、きれいなボール状になるまでこね、30分寝かせる。生地を薄くのばし、抜き型を使って直径10cmの円形に切り取る。それぞれの円の中心に大さじ1の好みの具をおく。生地の端を折り返して具を包み、端をよくつまんで生地を閉じる。鍋に2cmの高さまで油を入れ、(煙が出ない程度に)熱したら、ひっくり返しながら中火で各面を3分ずつ揚げる。黄金色によく揚がったら、ペーパータオルの上で油を切り、すぐに食べる。

＊すぐに使える生地の場合
小麦のガレット生地（または春巻きの皮）6枚、小麦粉 大さじ1、水 大さじ2、揚げ油、好みの具

6枚の生地をそれぞれ半分に切り、12枚の長方形にする。1枚ずつ半分に折って、12枚の短冊状にする。小麦粉と水を混ぜて、のりをつくる。1枚目の生地を横長になるようにおき、左端に大さじ1の具をおく。生地の一部を三角形に折りたたみ、それぞれの角をしっかり合わせる。最後に、生地に小麦粉ののりを少しつけ、生地を完全に閉じる。

# マサラ・ワダ

この少し塩辛い料理は、水に浸けておいたチャナダール（ベンガルヒヨコ豆）を、タマネギ、青トウガラシ、ショウガ、カレーリーフなどと軽く混ぜ合わせて揚げた、南インドを代表する香ばしい軽食です。生地を小さな円形にして油で揚げると、黄金色のクリスピーな揚げ上がりになります。バナナの葉にのせて、ココナッツのチャツネを添えて食べます。

## マサラ・ワダ

[4人分]
赤レンズ豆 150g、赤タマネギ 1個、ニンニク 1片、新鮮なコリアンダー 10本ほど、レッドチリパウダー 適量、クミンシード 小さじ1、ターメリック 1つまみ、ヒヨコ豆の粉 大さじ2、植物油、塩

レンズ豆は水で洗い、大量の冷水に2時間浸けておく。レンズ豆の水気を切り、ターメリック、チリパウダー、芽をとったニンニク、8等分に切ったタマネギ、コリアンダー（茎もいっしょに）、塩を多めの1つまみ加えて混ぜ合わせる。完全になめらかではないが、均質に混ざり、少し湿り気のあるペースト状になっていればよい。そこにクミンシードとヒヨコ豆の粉を混ぜ合わせ、室温で30分寝かせる。ソテー用鍋に植物油を2cmの高さまで注ぎ、加熱する（煙が出ない程度まで）。2本のスープ用スプーンか手を使って、生地を小さなボール状にする（1つにつき生地は大さじ1弱）。片面を5分ずつ焼き、好みのライタ（▶レシピは98ページ）を添えて食べる。

# ベルプーリー

　炭水化物系の食材をベースにしてつくる軽食の一つです。パフライス、ゆでたジャガイモ、パパディ（薄いせんべい状の塩味のスナック）などに生のままの野菜や果物を加え、トウガラシと塩で味つけします。ヒヨコ豆の粉でつくるクリスピーな揚げ麺「セヴ」を上から振りかけ、北インドの有名な甘辛ソース（コリアンダーとタマリンドのソース）をかけていただきます。家族で出かける午後の散歩のときに、色鮮やかで刺激的な風味のベルプーリーを露店で買って食べるのをだれもが楽しみにしています。

## ベルプーリー

[4人分]
ベル（米のパフ）200g、セヴ（インドのスナック）100g、赤タマネギ1個、細かく刻んだトマト2個、ニンジン1本、青マンゴー 小2個、レモン汁 大さじ3、コリアンダー 10本、カシューナッツ 大さじ1、ピーナッツ 大さじ1、ターメリックパウダー 小さじ1/4、粗挽きした粒コショウ 小さじ1/2、塩

　トマト、赤タマネギ、コリアンダーをみじん切りにする。カシューナッツとピーナッツを粗く砕く。ニンジンと青マンゴーの皮をむき、薄切りにする（またはすりおろす）。大きなボウルですべての材料を混ぜ合わせ、できたてを召し上がれ。

# 牛と乳製品

**マイルドな味わいの乳製品は、それ以外のインド料理とは対照的で安心感があります。お母さんの優しさを思い起こさせる甘みは、刺激的なトウガラシの風味が何度も襲ってくるようなときに効果を発揮します。乳製品で一般的なのは、チーズ［パニール］、澄ましバター［ギー］、アイスクリーム［クルフィー］、ヨーグルトサラダ［ライタ］などです。**

乳製品が使われない儀式やお祭りはありません。とても大切なタンパク源であり、インドで広く食べられているのもそのためといえるでしょう。

毎朝、牛乳を買いにいって、そのまま飲んだり、チャイをつくって飲んだりします。夜になると、残りの牛乳で自家製のヨーグルトを仕込みます。そのヨーグルトを使ってライタやラッシーをつくり、食事といっしょにいただきます。

酸っぱくなった残りもののヨーグルトをかき混ぜると、バターができます。それをもとにギーをつくったり、その後に残った乳清で「チャーチ」という清涼飲料をつくったりします。

## 神聖な牛

ヒンドゥー教では、ゾウはガネーシャ神、サルはハヌマーン神、トラはドゥルガー女神……と、動物と神さまが結びついています。ですが、牛ほど崇拝の対象になっている動物はいません。

インド人は牛を、このうえなく従順で寛大な動物だと考えています。牛は人間に牛乳を授けてくれるので、万物の母[ガウ・マーター（=母なる牛）]とされているからです。こうして、古代インドでもそうだったように、乳牛はいつの時代も保護されてきました。

「ヴェーダ」という古文書では、牛が生み出す5つのものにとても価値があるとされています。牛乳、凝乳、バター、尿、糞です。最初の3つは供物の一部となります。尿は高い徳をもつ液体とみなされ、糞は家の壁に塗る漆喰の役目をはたすと同時に、乾燥させると料理をつくるための燃料にもなります。牛は間違いなく日々の生活で役立つ動物です。その感謝を込めて、「ゴーパーラ」（牛を守る若きクリシュナ神の名前）と牛に祈りをささげる「ゴーパースタミー」というお祭りがあります。

# パニール（チーズ）

「パニール」はインドのチーズです。植物性の液体（たとえば酢、レモン汁）やミョウバンの粉を混ぜて凝固させた牛乳をベースにしてつくります。家でもつくれますが、お店で出来合いのものを買うことができます。くせのない味わいですが、いつもの料理にパニールを加えると、それはそれはすばらしい料理に変身します。パニール料理は、レストランのメニューのなかでも特別な存在です。

## パニール

[150g分]
全乳 1リットル、酢 大さじ3、綿モスリン（または布巾）1枚

ふきこぼれないように気をつけながら牛乳を沸騰させる。沸騰したら火を止めて、酢を加える。そのまま10分寝かせて、凝固させる。こうしてできたパニールを水気のあるまま布巾のなかに入れ、布巾をしぼるようにしてできるだけ水分を抜く。パニールは布巾に包んだまま大きな石のような形にするか、あるいは好みの型で型抜きする（ここで作業を終えると、この新鮮なパニールをソースのつなぎとして使うこともできる）。布にくるまれたまま、あるいは型に入ったままのパニールの上に重しをして30分放置する。その後、布から取り出してラップでくるみ、涼しいところに30分おけばできあがり。2cmほどの大きさに切って使う。全乳でなく半脱脂乳を使うと、数グラムのパニールしかできないので気をつけること！

# ギー（澄ましバター）

　インドでは毎日のようにギーを使います。ギーは、無塩バターを固体と液体に分離するまで加熱してつくる澄ましバターです。バターからカゼインとホエイ（乳清）を取り除くことで、脂肪分だけからなるバターができあがるのです。ギーには多くの利点があります。たとえば、冷蔵庫に入れなくても長期保存ができます。煙点が高いので、高温で加熱しても焦げたにおいや焦げた味がしません。インド料理には欠かせない食材です。揚げものやスパイスを使った調理、甘いものの調理などにも重宝されます。キッチンの外では、神さまへのお供え物の材料や、神さまに捧げる小さなランプ［ディーパック］の燃料としても使われます。

## ギー

［500ml分］
オーガニック無塩バター 2本、バターを漉すためのチーズクロスまたは極細の漉し器

　底の厚いキャセロール鍋に粗く刻んだバターを入れ、中火で45分~1時間加熱する（加熱時間はバターの水分量による）。ときどきアクをとる。ころあいを見てチーズクロスか極細の漉し器で漉す。蓋つきのガラス容器に入れて冷まし、低温（ギーが固まる温度）か常温で保存する。

# ライタ

新鮮なヨーグルトに、生または火を入れた野菜や果物（たとえばキュウリ、タマネギ、トマト、ホウレンソウ、カボチャ、ニンジン、ビーツ）を混ぜ、から煎りしたクミンシードやマスタードシードで味づけします。その上にミントの葉やコリアンダーの葉を散らします。ライタを毎日食べれば、乳製品を摂取することができ、辛くなりがちな料理に爽やかさとマイルドな甘みを加えられます。

## エンドウ豆とミントのライタ

[4人分]
ギリシャヨーグルト 200g、新鮮なエンドウ豆 150g、レモン汁 1/2個分、ニンニク 1片、ミント 1/2束、ターメリック 小さじ1/2、黒コショウ 小さじ1/4、塩

熱湯に塩を加えてエンドウ豆を2分ゆでる。その後、冷水の中で冷やしてから水気を切る。ミントはごく細かく切り、ニンニクは皮をむいてすりおろす。ヨーグルトに塩、コショウ、レモン汁、ターメリック、おろしニンニクを加え、泡立てるように攪拌する。エンドウ豆とミントを加えて混ぜる。30分から1時間、涼しいところで寝かしてから召し上がれ。

## トマトとショウガのライタ

[4人分]
ギリシャヨーグルト 2瓶(250g)、トマト1個、赤タマネギ1個(またはルビーオニオン＝赤い小タマネギ 3~4個)、ショウガ 小1かけ、コリアンダーの葉 数枚、ライム果汁大さじ1、塩

ヨーグルトにライム果汁と塩を加え、泡立て器でよく攪拌し、おいておく。トマトを湯むきし(熱湯につけて皮をむき)、種をとり、適当な大きさに切る。タマネギは薄くスライスし、コリアンダーは細かく刻み、ショウガはすりおろす。ヨーグルトにすべての材料を混ぜ合わせ、食べる前に1時間以上冷やす。

## ホウレンソウのライタ

[4人分]
ギリシャヨーグルト 2瓶(250g)、新鮮なホウレンソウ1束、ニンニク1片、バター(またはギー)小さじ1、塩

フライパンにバター(またはギー)を入れ、みじん切りにしたニンニクを中火で5分炒める。新鮮なホウレンソウを刻んで加え、数分間、火を入れる。塩で味を調える。ホウレンソウが冷めるの待ち、ヨーグルトとやさしく混ぜたら、常温のまま召し上がれ。

# 聖なる料理

**料理は、インドの精神性だけでなく、インドという国を象徴しています。**
**神々も人間と同じく食べものなしでは存在しません。たとえば、**
**ガネーシャ神はラッドゥー（豆粉でつくったお菓子）を、クリシュナ神はマッカン（自家製バター）を好み、**
**闘いの神であるドゥルガー女神にはハルワー（セモリナ粉でつくったお菓子）が捧げられます。**
**寺院は信者が供えた食べものであふれています！**

信者たちは、ダルシャン（神さまとの交流の瞬間）を求めて、お供え物のお菓子をもって聖なる場所を訪れます。信者が寺院に到着すると、供物を受け取ったプジャーリー（聖職者）は、神さまの像の前に食べものを差し出して祝福します。供えられたものの一部はそのまま寺院に奉納され、残りは信者に戻されます。こうした供物は「恵み」を意味する「プラサード」となります。

プラサードのルールはただ一つ。それを「分け合う」ことです！　お供え物は、お寺のなかで、道端で、そしてあちこちの家に少しずつ配られます。そうやってみんなで、味や甘さや繊細さ、さらには聖なるものを分け合うのです。

寺院の周辺には小さな屋台がたくさんあります。その店先には「ラッドゥー」などの甘くてカラフルで食欲をそそる食べものがところせましと並んでいます。花飾りやお香を売っている露天もあります。

プラサードの儀式は、ラッドゥーやハルワーやキール（インドのライスプディング）を用意すれば、家庭でもおこなうことができます。

# お祭りの料理

**インドには祝日が多く、祝日にはお菓子がたくさん用意されます。
季節の変わり目、収穫、宗教的儀式、誕生や結婚など、
ことあるごとにお祝いをします。宗教や地域の多様性と旬の食材とがあいまって、
それぞれのお祝いごとに独特の食習慣が見られます。**

お祭りの日の料理は、日常的な料理とは違って、乳製品やドライフルーツがふんだんに使われ、手の込んだ料理が用意されるとともに品数が多いのが特徴です。

お祭りは宗教的に重要なイベントであると同時に、人と人との関係を強化する機会でもあります。家庭内で家族みんなで食べる場合も、塩気のある料理や甘いものを大皿に山のように盛って、お客さまが来たときにすぐに出せるように準備しておきます。近所の人たちと料理やレシピを交換し合うきっかけにもなります。

# 光の祭典
# ディーパーワリー

「ディーパーワリー」は、ヒンドゥー教のお祭りのなかでも代表的なもので、最も明るいお祭りです。ディーパーワリーとは、ヒンディー語で「灯明の列」を意味します。カールティク月（10月半ばから11月半ば）の最も暗い夜（月のない夜）に祝われる命の祭典です。光が闇に、希望が絶望に打ち勝つことを祝うお祭りなのです。「ディーワーリー」とも呼ばれています。

5日間にわたっておこなわれるこの祭典は、収穫を祝うお祭りでもあります。お祝いすること自体も大切ですが、準備することもお祭りの重要な一部です。

当日、家々はきれいに掃除され、壁などが塗り替えられます。また、床に色粉で描く模様「ランゴーリー」、生花や電飾の花で盛大に飾られます。女性たちはさまざまな料理をつくって来客を迎えます。よく知られているのは、グラブ・ジャムン（▶レシピは116ページ）、ハルワー、バルフィー、ラッドゥー、プーリー（▶レシピは55ページ）、パニール（▶レシピは96ページ）などです。

## 野菜のコフタ（パニール入り）

[4人分]
ジャガイモ 250g、ニンジン 100g、エンドウ豆 100g、パニール 200g、小麦粉 20g、植物油。**ソース用：**完熟トマト 500g（または粗く刻んだトマト 400ml）、タマネギ 1個、おろしニンニク 2片分、おろしショウガ 2cm分、無塩カシューナッツ 30g、新鮮なコリアンダー 4~5本、クミンパウダー 大さじ1、コリアンダーパウダー 大さじ1、トマトペースト 大さじ1、生クリーム 100ml、バター 10g、植物油、塩

**コフタの下ごしらえ：**パニールをすりおろし、飾り用に大さじ1は取り分けておく。ジャガイモ、ニンジン、エンドウ豆を塩水でゆで、完全に水気を切ったら、つぶして粗めのピューレ状にする。それにパニールと小麦粉を混ぜ合わせ、クルミ大のボール状にする。フライパンで植物油（大さじ4）を煙が出ない程度の高温に熱し、ボール状のコフタを中火で各面5分ずつ、黄金色になるまで焼いて取り出す。次にクリーミーソースをつくる。ソテー用鍋に植物油大さじ1を熱し、薄切りにしたタマネギ、おろしたニンニクとショウガを中火で10分ほどかき混ぜながら炒める。トマトペースト、コリアンダーパウダー、クミンパウダー、水100mlを加え、中火で10分加熱して水分を蒸発させる。トマトとカシューナッツをミキサーにかけてから加え、コトコトと10分煮る。生クリームとバターを入れ、さらに10分煮込む。そのソースにコフタを入れ、刻んだ新鮮なコリアンダーと、すりおろしておいたパニールを少し加える。バースマティー米といっしょに召し上がれ。

# 色の祭典ホーリー

「ホーリー」の語源は、インド神話に登場する鬼女「ホーリカー」です。ある日、その兄で鬼の王であるヒラニヤカシプは、息子のプラフラーダを火で滅ぼすようホーリカーに頼みます。息子がヴィシュヌ神を信じていたからです。するとヴィシュヌ神は、プラフラーダの身の上を案じ、彼を救うとともに、叔母のホーリカーをその火で焼き殺したのです。ホーリーの祭りは、春の訪れを祝う「ホーリカー・ダハン」の儀式から始まります。どこの地区でも風通しのよい場所に人びとが集まり、鬼女の死と、善が悪に勝利したことを、焚き火をしながら祝います。

次の日は、「ドゥランディー」の日です。隣人や友人、家族、さらには通行人にいたるまで、色粉や色水を投げつけ合って、生きる喜びをからだ全体で表現します。

ホーリーの料理として有名なものを3つあげてみましょう。凝乳とドライフルーツと砂糖でつくる「グジヤー」、小麦粉でつくるビスケット「マタリー」(塩味のものと甘いものがあります)、ヒヨコ豆の粉とシュガーシロップでつくるケーキ「モハン・タール」です。

## イード・アル=フィトル

「イード・アル=フィトル」というのは、イスラム教の特別な祝日です。イスラムの暦でシャウワール月の最初の日にあたります。この月は、ラマダーンという断食月の終わりを祝って、世界じゅうのイスラム教徒が祈りを捧げ、戒律を守ろうとする月でもあります。イード・アル=フィトルの日には、多くのイスラム教徒がモスクで祈り、説教［フトゥバ］を聞き、慈善活動［ザカート・アル=フィトル］をおこない、子どもたちにはプレゼントも渡されます。マトン料理、ケバブ、タンドーリー、コルマ、ビリヤニといった料理で盛大に祝うお祭りです。

# チャツネとピックル

## チャツネ

甘いもの、塩からいもの、酸っぱいもの、苦いもの、渋いもの、辛いもの。いろんな味のあるチャツネは食卓を彩り、料理の味を引き立てます。チャツネづくりには生の食材が使われることが多いのですが、ときには火を入れることが必要になる場合もあります。地元の産物でつくられ、揚げもの、具入りのパン、ワダ、パコーラーなどに添えられます。ピックルと違って、チャツネはお店では買わず、食べるときに調理されます。コリアンダー、ミント、タマリンド、ココナッツ、マンゴーでつくったものがよく知られています。

### ミントとクミンのチャツネ

[4人分]
ミント1束、ライム1個、ギリシャヨーグルト1瓶(125g)、ショウガ2cm分、クミンシード小さじ1、塩小さじ1

半量のヨーグルトに、ミントの葉、ライムの果汁、皮をむいて細かく刻んだショウガ、塩を混ぜ合わせる。よく混ざったら、残りのヨーグルトも加える。1時間ほど冷やしてから食べる。クミンシードは油を引かないフライパンで軽く色づくまで焼いておき、食べる直前にヨーグルトに振りかける。

# ピックル

数少ない保存食であるピックルまたはアチャールと呼ばれる漬物は、専用の大きな素焼きの容器に入れて、キッチンの片隅の暗い場所で保管されます。つねに手元に用意され、ほぼすべての食事で活躍し、味の引き立て役になります。インドの伝統的な食事「ターリー」に欠かせない食べものです。

## ピックル

[瓶(500ml) 1本分]
好みの野菜(赤い小タマネギ、ニンジン、青マンゴー、トウガラシ、ショウガ) 500g、粗挽きにしたイエローマスタードシード 大さじ2、フェヌグリークシード 大さじ1、酢 150ml、植物油 大さじ1、塩

野菜をスティック状に切るか輪切りにする。タマネギは半分に切る。植物油でマスタードシードとフェヌグリークシードを茶色くなるまで炒め、野菜にかける。よく混ぜ合わせ、塩で味を調えたら蓋つきのガラス瓶に入れる。水150mlと酢を合わせて沸騰させ、生野菜の上からかけてそのまま冷ます。蓋を閉め、涼しいところで3日以上寝かせてから食べる。ピックルは涼しいところで2~3カ月保存できる。

# レストランとダバ

**家族での外出や、市場への買い出し、あるいは観光地を訪れたときなど、お出かけの最後をおいしい食事で締めくくることがよくあります。**

そういう人たちだけでなく、旅行者、労働者、学生、公務員などが、素早く、安く食べられるという魅力にひかれ(「ファストフード」ともいえるでしょう)、一日じゅう、ひっきりなしに屋台や小さなレストランを訪れます。こうしたお店では、食事の代わりになるようなボリュームのある軽食(チョーレー・ティッキー、パブ・バジ……)やその土地を代表する軽食(サンバル・ドーサ、チョーレー・バトゥーレ)が出され、来店客を喜ばせています。

一方で、レストランでのディナーはいまだに、裕福な人たちや美食家たちの楽しみといえるでしょう。ただし、一般の人たちも、誕生日や退職日や結婚記念日(夜に祝うことが多い)などには、特別に家族や友人とレストランに出かけ、その雰囲気やサービスを楽しみます。

レストランの看板には、ベジタリアン料理なのかそうでないのかなど、その店の料理の特徴が書かれています。また客をひきつけるために、どの地域の料理なのかも強調されています。たとえば、南インド料理、中華料理、パンジャーブ料理、ムガル料理といった具合に。

ふだんは家でつくれないような複雑なレシピの料理や特別な技術が必要な料理、たとえばタンドール料理や窯焼きパン[ナーン]、チーズをベースとした料理などを注文するには、レストランはもってこいの場所です。

## ダバ

「ダバ」と呼ばれる路面飲食店は、もともとはパンジャーブ地方が発祥ですが、人や物の移動が増えたことによって幹線道路沿いにたくさんできています。安く、量が多く、出てくるのが早く、おまけにおいしい料理を楽しめます。

町から何キロも離れたところから家族連れでダバに食事に行く人の姿を見かけることがますます増えています。簡素な設備しかないダバですが、屋外の広々とした空間で量と質の充実した料理を楽しめます。一方で、自分たちの店の魅力を理解しているダバの経営者たちは、新しい顧客を得るべく町の近くに店を構えようとしはじめています。

Bentley HOTEL
2019 JULY
1 2 3 4
6

# スイーツと飲み物

「ミターイー」と呼ばれるインドのお菓子は、
スパイスや花のエッセンスによる香りとともにドライフルーツや
銀箔で美しく飾られ、まるで宝石のようです。
かすかにサフランの香りがする「ケーサル・ミルク」から、
コクのある「マサラ・チャイ」まで、インドの飲みものは多くのものを私たちに与えてくれます。
のどをうるおし、リフレッシュさせ、快適で落ち着いた気分にしてくれ、
からだを温め、癒やしてくれさえします。
香りも多彩で色も華やか、そのうえ薬効まであるのです。

# スイーツ［ミターイー］

**甘い食べものの総称である「ミターイー」の語源は、甘味を意味するヒンディー語の「ミーター」です。ミターイーには、地域によってさまざまなつくりかたがあります。どんな材料をベースにしているのか、どんな形をしているのかで、どの地域のミターイーなのかが見分けられます。**

ミターイーの材料として使われることが多いのは、凝乳、米粉、ヒヨコ豆の粉、小麦粉、ナッツやドライフルーツ（たとえばアーモンド、カシューナッツ、ココナッツ、ピスタチオ、ゴマ）などです。そうした材料をもとに、煮たり、揚げたり、煎ったり、固めたりと、さまざまな技法を使って、おいしいお菓子を完成させるのです。ハルワーやラッドゥー、キールといった簡単に焼いてできるお菓子は家庭でもよくつくりますが、複雑な技術が必要なものは「ハルワーイー」というお菓子専門店で手に入れます。

# 牛乳からつくるミターイー

### ションデーシュ

ベンガル地方が発祥のお菓子。別名はなんと「心臓泥棒」です！

### キール／パヤサム

カルダモンとドライフルーツが入った、香り高いインドのライスプディングです。

### クルフィー

カルダモン、ピスタチオ、バラで香りづけした、香り高いクリーミーなミルクアイスクリーム。

## ローズ・パヤサム

[4人分]
単粒米（ジャポニカ米）100g、ココナッツミルク 500ml、グラニュー糖 50 g、カルダモン 6 個、ローズシロップ 120ml、無塩の殻つきピスタチオ（好みに応じて）、スライスアーモンド（好みに応じて）

カルダモンを軽くつぶしておく。米を洗い、ココナッツミルク、カルダモン、グラニュー糖といっしょにキャセロール鍋に入れる。ココナッツミルクの水分がなくなるまで、ごく弱火で20分ほど炊く。小さな器に取り分け、ローズシロップを適量たらし、ピスタチオとアーモンドを散らせばできあがり。

## ローズ・クルフィー

[100mlの型6個分]
全乳 1リットル、アーモンドパウダー 20g、ピスタチオ 20g（粗く砕いておく）、カルダモンシード 小さじ1/2（挽いておく）、ローズシロップ 大さじ4、発酵クリーム（クレームエペス）250ml、グラニュー糖 75g

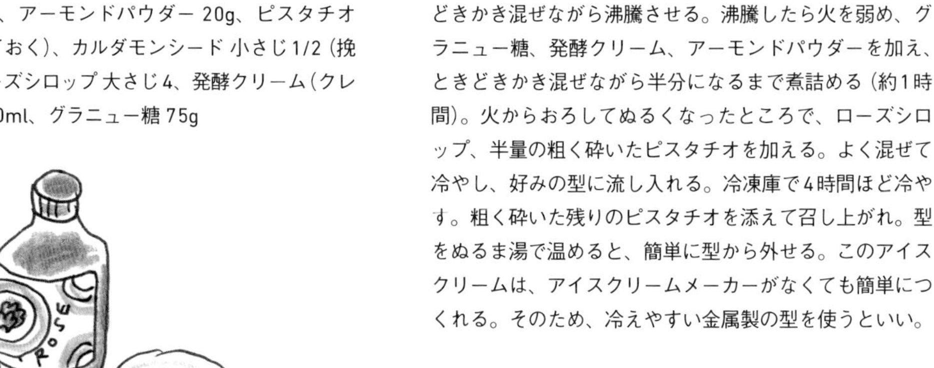


キャセロール鍋に牛乳とカルダモンシードを入れ、ときどきかき混ぜながら沸騰させる。沸騰したら火を弱め、グラニュー糖、発酵クリーム、アーモンドパウダーを加え、ときどきかき混ぜながら半分になるまで煮詰める（約1時間）。火からおろしてぬるくなったところで、ローズシロップ、半量の粗く砕いたピスタチオを加える。よく混ぜて冷やし、好みの型に流し入れる。冷凍庫で4時間ほど冷やす。粗く砕いた残りのピスタチオを添えて召し上がれ。型をぬるま湯で温めると、簡単に型から外せる。このアイスクリームは、アイスクリームメーカーがなくても簡単につくれる。そのため、冷えやすい金属製の型を使うといい。

# 小麦粉・豆粉とシロップでつくる ミターイー

### ブーンディー・ラッドゥー

ヒヨコ豆の粉でつくる黄金色のボール形のお菓子。カルダモンとサフランで香りづけしたシロップに浸してあります。

### ジャレービー

小麦粉とシュガーシロップを使った円形のスナック。朝食のときにホットミルクといっしょに食べるのが人気です。

### グラブ・ジャムン

セモリナ粉と凝乳でつくったお団子を油で揚げて、カルダモンとサフランで香りづけしたシュガーシロップに浸したお菓子です。お祭りの日に欠かせません。

▶レシピは116ページ

## グラブ・ジャムン

[4人分]
小麦粉 20g、上質小麦のセモリナ粉（少量のお湯に浸しておく）大さじ2、パウダーミルク 150g、イースト 小さじ1/4、半脱脂乳 60ml、バター 70g、植物油。**シロップ用：** レモン汁 小さじ1、水 100ml、砂糖 100g

小麦粉とイーストを混ぜ合わせておく。バターを溶かしてボウルに入れ、パウダーミルク、半脱脂乳、小麦粉とイーストを混ぜたものを加える。次に、水分を吸わせたセモリナ粉を入れ、ペースト状になるまで混ぜる。そのまま15分寝かせる。そのあいだにシロップをつくる。シロップ用の材料すべてを弱火にかけ、少し茶色くなるまで加熱する。生地はクルミ大のボール状にする。ソテー用鍋に2cmの高さまで油を入れ、（煙が出ない程度に）熱したら、中火で10分ほど生地を揚げる。黄金色に揚がったら取り出し、ペーパータオルを敷いた皿の上でしばし油を切る。揚げたボールを、まだ熱いが焦げついたりしない程度まで温度が下がったシロップに浸す。少なくとも6時間、できれば一晩浸けておく。お好みで粗く砕いたピスタチオを振りかけて召し上がれ。

# 甘い野菜や果物でつくるミターイー

### ティル・ケ・ラッドゥー

煎ったゴマとココナッツシュガーでつくるお菓子。とくに、凧揚げで有名な「マカル・サンクラーンティ」というお祭りのときに、各家庭でつくられます。

### バダム・バルフィー

「バダム」はアーモンドのことで、ひし形のお菓子。アーモンドパウダー、シュガーシロップ、カルダモンパウダーでつくります。

### バダム・バルフィー

[6個分]
全乳 1リットル、アーモンドパウダー 200g、砂糖 150g、カルダモンシード(またはパウダー) 小さじ1/2、乾燥ココナッツ 大さじ2、バターまたはギー 10g

200mlの牛乳にアーモンドパウダーを混ぜ、なめらかなペースト状にする。フライパンにバターを入れて溶かし、カルダモンシードを加える。アーモンドクリーム（ペースト）と砂糖も入れ、砂糖が溶けるまで弱火で加熱する。水分がなくなったら、その都度、残りの牛乳を少しずつ追加する。弱火で20分ほど加熱し、とろみをつけると、徐々にフライパンの側面にくっつかなくなる。水分が蒸発したら四角い器に移し、表面を平らにならす。そのまま冷まし、好みの形に切り分ける。すりおろしたココナッツを振りかけて食べる。

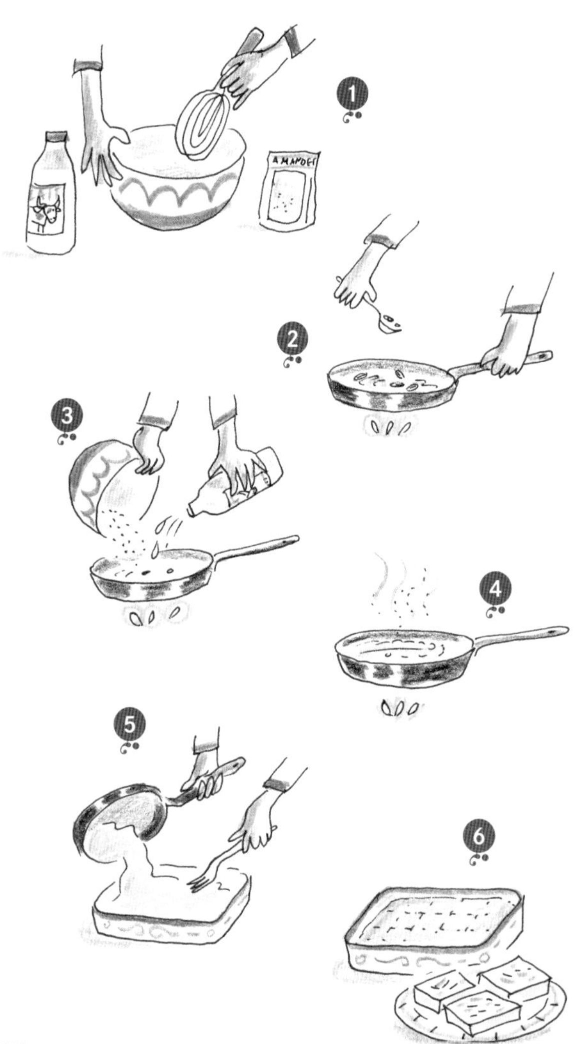

## ガージャル・ハルワー

「ガージャル」はニンジンのこと。ニンジン、牛乳、砂糖、ドライフルーツでつくる、結婚式で定番のデザートです。ニンジンが旬を迎える冬には、どこの家でもこのハルワーをつくります。

## ガージャル・ハルワー

ニンジン 1.5kg、牛乳 400ml、きび砂糖 100 g、ドライレーズン 35 g、コンデンスミルク 150ml、カルダモン 10個、飾り用にすりおろしたココナッツ、ギーまたはバター 100 g

ニンジンは洗って皮をむき、フードプロセッサーで中挽きセモリナ粉ほどの大きさにしておく。キャセロール鍋にギー（またはバター）を入れて溶かし、ドライレーズンとニンジンを加える。ときどきかき混ぜながら、水分が完全になくなるまで15~20分加熱する。牛乳、コンデンスミルク、カルダモンシード（サヤをとったもの）、きび砂糖を加え、水分が減って、ボール状に丸められるようになるまで、様子を見ながら1時間火を入れる。ゴルフボールの大きさに丸め、すりおろしたココナッツの上で転がせばできあがり。

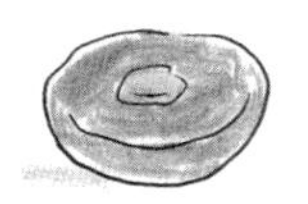
ムーン・
チャムチャム

モティチュール・
ラッドゥー

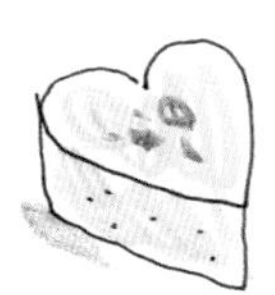
コーヤー・
バルフィー

ピスター・
バルフィー

チェナ・
ミターイー

マーワー・
サンデーシュ

ピスター・
バルフィー

ブーンディー・
ラッドゥー

ジャレービー

マーワー・
サンデーシュ

サンデーシュ

ベンガリ・
サンデーシュ

ティル・ケ・
ラッドゥー

バールー
シャーヒー

ナーン
カターイー

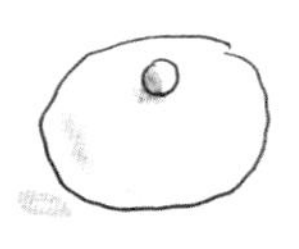
ラスグッラー

チャム・チャム

ピスター・
ペーダー

コーヤー・
ペーダー

バルフィー

ベサン・
バルフィー

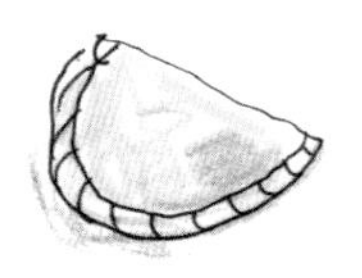
グジヤー

バルフィー

マラーイー・
サンデーシュ

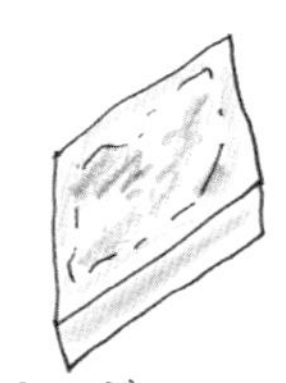
カージュー・
カトリー

# 飲みもの

季節のリズムに合わせた飲みものが一日のリズムを整えてくれます！
一日の始まりと終わりには、温かい飲みものを飲みます（ただしチャイは一日じゅう飲みます）。
日中の日射しが強い時間には、冷たい飲みものがぴったり。
果物や花でつくったシロップ、フレッシュなフルーツジュース、
炭酸飲料（「コールドドリンク」と呼ばれています）などがよく飲まれます。

## 果物がベースの飲みもの

### ガンネー・カ・ラス

サトウキビのジュース。水分を補給して元気を出すために、夏に人気の飲みものです。

### ニンブー・パーニー

レモネード。夏場になると、水分補給とデトックスのために家で一日に何度もつくります。レモン果汁、水、砂糖に、ヒマラヤソルト、クミンシード、ミントの葉で味つけします。

# ココナッツウォーター

切りたてのココナッツにストローをさして飲むのは、ココナッツウォーター独特の飲み方です。

## レモネード［ニンブー・パーニー］

[4杯分]
レモン 1個、炭酸水 1リットル、塩 小さじ1/2、挽いた粒コショウ 小さじ1/2、お好みで砂糖

カラフェに、レモンの果汁と果肉、塩、コショウを入れる。炭酸水を注ぎ、氷で冷やして召し上がれ。

# ミルクベースの飲みもの

## ラッシー

インドを代表する飲みもので、ヨーグルトに砂糖と水を加えて混ぜ合わせてつくります。カルダモンで風味をつけ、素焼きの器で十分に冷やしてから飲みます。塩味のもの、煎ったクミンやフレッシュミントで風味づけしたもの、バナナやマンゴーといった果物を加えたものなど、さまざまな味のラッシーがあります。からだのリフレッシュや、腸内細菌のバランスをとるために、食事のとき以外にもよく飲まれています。

## プレーン・ラッシー

[4人分]
全乳ヨーグルト4瓶(500g)、牛乳150ml、砂糖小さじ1/4、塩 1つまみ、挽いた粒コショウ

　ラッシーは究極のリフレッシュドリンクです。スパイシーなものを食べたときに飲めば、口のなかの刺激をやわらげてくれます。また、牛乳を使わずにつくると消化しやすくなります。
　材料をすべて混ぜ合わせ、1時間以上冷やしてから飲みます。

## ケーサル・ミルク

風味づけした牛乳で、どの年代の人にも好まれています。サフラン[ケーサル]の黄金色と繊細な風味が特徴です。

## アーム・ラス

鮮やかな美しいオレンジ色の完熟マンゴー［アーム］の果肉と、牛乳、砂糖を混ぜ、カルダモンで香りづけします。このとろっとした飲みものは、家庭での食事の最後に、つくったばかりの状態で出されます。

## マンゴー・ラッシー

[4人分]
全乳ヨーグルト3瓶（375g）、牛乳100ml、マンゴーの果肉400ml、カルダモンシード小さじ1/4、塩1つまみ

材料をすべて混ぜ合わせ、1時間以上冷やしてから飲む。

## ローズ・ラッシー

[4人分]
全乳ヨーグルト4瓶（500g）、牛乳150ml、おろしショウガ小さじ1/4、ローズシロップ大さじ4、塩1つまみ

材料をすべて混ぜ合わせ、1時間以上冷やしてから飲む。

# ホットドリンク

ショウガ、カルダモン、コショウ、シナモンなどのスパイス入りの紅茶は、「疲れを癒やす飲みもの」として知られています。「どんな病気にも効く」といわれていますが、そのミルキーな味わいは薬効のことを忘れさせるほどです。

北インドの「マサラ・チャイ」、南インドの「フィルターカピ（フィルターコーヒー）」などの温かい飲みものは、熱い夏のあいだも家の中と外で日常的に飲まれています。

## フィルターカピ
## (フィルターコーヒー)

別名「マドラスコーヒー」。金属製のフィルターを使ってコーヒーをいれ、泡立つまで沸騰させた牛乳を加えて仕上げます。小さいカップの上におかれた金属製の器でいただきます。

## カフワー

ヒマラヤの渓谷地帯でとても人気の高い緑茶です。シナモン、カルダモン、サフラン、コショウなどのホールスパイス、アーモンドなどのナッツを緑茶に加えてつくり、寒い冬を乗り切るためによく飲まれています。

## マサラ・チャイ

バスの停留所や鉄道の駅、市場や街角には、かならずチャイの店があります。マサラ・チャイを煮出す、のんびりした香りが町のあちこちに漂っています。

チャイの店に行くと、調理器具に半分囲まれながら、「チャイワーラー」と呼ばれる店主が紅茶をつくっている様子を観察できます。まず、煮出した紅茶のなかに、叩いてつぶしたショウガやカルダモンなどのスパイスを入れます。それから、早く飲みたくてうずうずしているお客さんたちの前で、クリーミーな牛乳を加え、泡立てるようにかき混ぜます。紅茶がキャラメル色になったら、砂糖をたっぷり加え、大げさな身振りでガラスや素焼きのカップになみなみと注ぎます。この貴重で甘美な飲みものを手に、ジャーナリストもアーティストも労働者も、経営者も雇われ人も、社会のどんな階層の人たちもここでチャイを楽しんでから、その日の仕事に出かけるのです。

[4人分]
牛乳 2と1/2カップ、水 1と1/2カップ、インド産紅茶の茶葉 小さじ 1と1/2、砂糖 小さじ3、ショウガ 5 g（またはグリーンカルダモン 2個）

ショウガはすりおろす（カルダモンを使う場合は種をつぶしておく）。キャセロール鍋に湯を沸かし、紅茶とスパイス類を入れる。1~2分火にかけたら、牛乳を加え、中火で2~4分沸騰させる。砂糖を加えてかき混ぜる。さらに数分、茶色になるまで加熱する。漉してから、熱いうちに召し上がれ。

# 索引

## 【ア】



## 【カ】



## 【サ】



## 【タ】

LA CUISINE INDIENNE ILLUSTRÉE:
des recettes et des anecdotes pour tout savoir sur
la culture gastronomique indienne!

Textes : Pankaj Sharma
Recettes : Sandra Salmandjee
Illustrations : Alice Charbin


### パンカジ・シャルマ

オーレリーとマンゴー・チームのみなさんに感謝します。

### アリス・シャルバン

アルムガムのサフラン・ライスから始まり、アナマンレイ、バラン、ゴウリー、セルヴィ、そして私の愛する義姉ナヴィート、グマンファミリーなど、おいしい料理をごちそうになった人たちにお礼を！　そしてオーレリー、いつも笑顔でサポートしてくれて、ありがとう。私の料理のファンであるリュック、アルフレッド、ホラス、オンディーヌ、モード、エドメ、スヴェンも忘れてはいけない存在です！

### サンドラ・サルマンジー

インドの文化に詳しいパンカジ、美しいイラストを描いてくれたアリス、そしてもちろん、すばらしい編集者であるオーレリーにお礼を！

**知(し)っておきたい！**
**インドごはんの常識(じょうしき)**
**イラストで見(み)るマナー、文化(ぶんか)、**
**レシピ、ちょっといい話(はなし)まで**

2023年3月17日　第1刷

| | |
|---|---|
| 著者 | パンカジ・シャルマ［文］<br>アリス・シャルバン［絵］<br>サンドラ・サルマンジー［レシピ］ |
| 訳者 | 関根光宏(せきねみつひろ) |
| 翻訳協力 | 株式会社リベル |
| ブックデザイン | 川村哲司（atmosphere ltd.） |
| 発行者 | 成瀬雅人 |
| 発行所 | 株式会社原書房<br>〒160-0022<br>東京都新宿区新宿1-25-13<br>☎03(3354)0685（代表）<br>http://www.harashobo.co.jp/<br>振替・00150-6-151594 |
| 印刷 | シナノ印刷株式会社 |
| 製本 | 東京美術紙工協業組合 |


ISBN 978-4-562-07261-3 Printed in Japan